톰 피터스
탁월한 기업의 조건

TOM

세계적 경영 구루가 전하는 사람 중심 경영

PETERS

톰 피터스
탁월한 기업의 조건

톰 피터스 | 김미정 옮김

EXCELLENCE
NOW

한국경제신문

어제보다 조금 더 나아질 세상을 위하여

1977년 가을, 훗날 《초우량 기업의 조건》을 함께 쓴 로버트 워터먼과 나는 당시 진행 중이던 조직 효율성 연구의 일환으로 휴렛팩커드(HP) 존 영 회장을 인터뷰하기 위해 우리가 일하던 맥킨지 샌프란시스코 지사에서 팰로앨토로 가고 있었다. 평소에 만났던 대기업 임원들과 비교해서 그때의 경험은 정말 놀라웠다. HP에 도착해 프런트에 우리를 소개하자 존 영 회장이 곧바로 우리를 맞이하러 나왔다. '뭐지?' 싶었다. 통상 비서실장 아래의 비서가 방문객을 마중 나와 '그분'에게로 안내해준다. (항상 남자인데 그 문제에 대해서는 본문에서 다룰 것이다.) 영 회장은 우리를 그의 사무실로 데려갔다. 벽에 걸린 창업자들의 초상화? 유명 실내장식가가 고른 비싼 소파? 그런 건 없었다! 전혀! 그의 '사무실'은 장식 없이 칸막이만 있는 2.4×2.4미터의 작은 공간이었다. (우리 사무실은 샌프란시스코의 뱅크오브아메리카타워에 있었다. 그런데 샌프란시스코만이 내려다보이는 50층 전체가 뱅크오브아메리카 CEO의 호화로운 사무실이었다.)

근처에 있던 비서가 아니라 영 회장이 우리에게 커피를 가져다주었고, 우리는 쾌활하게 담소를 나눴다. 그러다 그가 'HP 방식(현재 용어로 하자면 '기업 문화')'에 대해 이야기하면서 내 세계 전체가 뒤집혔다. 영 회장은 우리에게 배회경영(Management by Wandering Around) 또는 현장경영을 소개해주었다. 그게 뭘까? 말 그대로였다. 사무실에서 나와 실제로 일을 하는 사람들과 어울리면서 같은 인간으로서 그들에게 안부를 묻고, 그들의 일에 관해 이야기하고, 일을 지연시키기만 하는 상사들이 만든 어리석은 규칙에 관해 물어보고, 일요일 포티나이너스의 경기에서 결정적 순간에 놓친 패스를 비난하는 등의 활동을 말한다. 이어서 영 회장은 우리를 데리고 배회경영에 나섰다. 현장을 도는 동안 주로 전임 연구원인 직원들에게 우리를 이름으로 소개했다. 격식 없이 자연스럽고 유익한 대화가 여섯 차례나 이어졌다.

솔직히 말할 수 있는데 존 영과 함께한 두 시간은 성인이 된 뒤 내 삶에서 가장 중요한 두 시간이었다. 우리는 어느 수준에서의 경영이든 경직되고, 형식적이며, 인간미 없고, 관료주의에 빠질 필요가 없다는 것을 배웠다. 우리는 대단한 경영자라고 해서 푹신한 소파와 알랑거리는 참모가 있는 으리으리한 사무실이 필요한 건 아니라는 사실을 깨달았다. 우리는 상사에게 아부하는 데만 관심이 있는 직원의 파워포인트 프레젠테이션에서는 결코 얻을 수 없는, 유용한 정보로 가득하면서도 친근한 업무상 대화를 들었다. 무엇보다 우리는 상사들, 심지어 특히 최고 경영자들도 모든 직원에게 진심으로 관심을 가질 수 있음을 알게 됐다!

《초우량 기업의 조건》은 사실상 그 운명적인 아침에 팰로앨토에서의 짧은 이야기의 확장판이다. 그 뒤로 나는 17권의 책을 더 쓰고 63개국에서 2,500회 이상 강연을 하면서 같은 이야기를 반복해서 했다. 19번째 책인 이 책에서 한 번 더 말하지만, **사람이 '가장' 먼저다.**

- 사무실 밖으로 나와 돌아다니며 실제 작업이 이뤄지는 곳에서 무슨 일이 벌어지고 있는지 파악하라.
- 직원 한 사람 한 사람에게 관심을 두고 그들의 지속적인 성장을 위해 노력하라.
- 관료주의를 없애고 여러분이 데려오고, 발전시키고, 권한을 주기 위해 열심히 노력하는 사람들이 자기 일을 계속하고 상상력을 발휘할 수 있게 하라.
- 고객과 판매업체들의 현장경영을 통해 비즈니스의 성패를 좌우하는 전체 가족과 어울리고, 그들을 완전한 파트너로 만들어라.

직원, 지역사회, 지구를 위한 도덕적인 리더십을 일상 어젠다의 맨 위로 올려라.

그렇다. 이른바 '소프트한 요소'가 기업 효율성의 주요 동인이라는 주장을 반복하는 것도 이번이 19번째다. 오늘 하루도 팀원들의 장단기 성장을 종용하고, 그들과 함께한 작업을 통해 세상이 어제보다 아주 조금 나아지게 만들었을까? 정말 중요한 질문은 오직 그것뿐이다.

이제 여러분 차례다.

1980년 7월 〈비즈니스위크〉에 실린 내 기사를 우연히 읽은 로빈 레이놀즈는 자발적으로 하퍼앤드로출판사의 계약서를 동봉한 편지를 보내 "그 기사로 책을 쓰면 되겠네요"라고 명령했다. 그렇게 몇 단계를 거쳐 《초우량 기업의 조건》이 나오게 됐다.

사업 파트너이자 동료인 낸시 오스틴은 《초우량 기업의 조건》에 실행 사항이 빠졌고, 좀 더 에너지가 필요하다고 말했다. 그렇게 자극을 주었던 그녀는 《엑설런스를 향한 열정(A Passion for Excellence: 본문에 소개되는 책들 중 국내에 번역 출간되지 않은 책들은 원서명을 병기했다–옮긴이)》의 공동 저자가 됐고 그녀 덕에 나는 이탤릭체, 굵은 활자체에 빨간 느낌표를 극단적으로 사용하게 됐다!

내가 만든 교육기관인 톰피터스컴퍼니의 전 사장이었던 헤더 셰이는 어느 날 오후 샤르도네 와인을 한 잔 마시면서 기업의 리더 위치에 있는 여성의 수가 미미하고 여성의 잠재력이 제대로 활용되지 못하고 있는데 그런 현실을 내가 전혀 모른다고 지적했다. 그러고는 (매우) 유력한 여성들의 모임을 소집하고 나에게도 그 모임에 나올 것을 명령했다. 헤더의 지시로 모인 여성들은 그 방면으로는 무지했던 내게 세 시간 동안이나 쉬지 않고 열띤 강의를 해주었다. 그리하여 여성의 시장 지배력과 입증된 리더십 엑설런스에 대한 나의 25년간의 (1996~2021년) 집착이 시작됐다.

샐리 헬게슨의 《여성들이 가지는 이점(The Female Advantage)》은 비즈니스에서 여성의 문제에 관해 내가 가장 많이 배운 책이다. 그 책과 뒤이어 나온 그녀의 책들 및 훌륭한 조언은 내 신경 경로를 재설계해주었고, 그 뒤로 내 삶은 달라졌다.

그리고 수전 케인이 있다. 책 한 권이 인생을 뒤집는 일은 거의 없다. 그런데 2013년에 나온 수전 케인의 저서 《콰이어트》는 그랬다. 이번 세기 가장 영향력 있는 새로운 경영서로 꼽을 책이다. 그녀는 내향적인 사람들이 리더로서 시끄러운 사람들보다 기여도가 큰데도 아주 잘나가는 '경영의 구루'이자 '선구적 이론가'라고 불리는 내가 그런 노동인구의 절반을 사실상 무시했다고 개인적으로 지적했고, 그 지적은 날카롭게 느껴졌다. 그녀에게 고개 숙여 인사를 전한다. 나는 영원히 그녀에게 빚을 졌다.

신시내티대학교 린드너경영대학원의 학장인 메리앤 루이스도 있다. 루이스 박사는 재임 기간에 대대적인 개혁이 절실한 경영대학 교육과정을 개정해 '소프트한 요소', 즉 리더십, 사람, 커뮤니티, 도덕적 행동, 엑설런스를 최우선으로 올려놓았다.

태피스트리 예술가, 색채에 대한 독특한 접근법으로 업계 전체를 바꿔놓은 실내장식 소품 예술가 겸 사업가, 그리고 환경보호, 기후변화, 예술 영역의 탁월한 지역사회 조직가인 수전 사전트에게도 감사를 전한다. 에너자이저 건전지 광고 속 토끼를 달팽이처럼 보이게 하는 에너지 넘치는 그녀는 25년 이상 내 아내이자 동료이자 가장 친한 친구였다.

내 이론을 집대성한 이 책을 가능한 한 최고의 책, 즉 엑설런트한 책으로 만들기 위해 지칠 줄 모르는 노력을 기울여준 줄리 애닉스터, 낸시 그린, 멀리사 윌슨, 셸리 돌리! 전문가로서 그들의 기여는 비범 그 이상이었다. 그것만큼 중요한 점은 이러한 노력으로 그들이 완전한 파트너이자 공동 작업자가 됐다는 것이다.

주: 이 글은 '내 인생의 여성들'에 대한 헌사가 아니다. 효율적이고, 다양하고, 인간적이며, 도덕적인 기업에 대한 나의 견해를 형성해준 비범한 전문직 여성 11명에게 바치는 헌사다.

평생 처음 겪는 최악의 의료, 경제, 기후, 인종차별 및 불평등, 잘못된 정보의 대대적인 유포 위기를 몰고 온 2020년을 살고도 어떻게 '엑설런스'에 집중할 수 있는가? 이에 대해 톰 피터스는 직원들과 지역사회, 지구를 위해 적극적으로 참여하고 봉사하며, 사회의 개선을 목표로 하라고 대답한다. "마음과 영혼과 에너지를 다 바쳐" 그렇게 하라고 말한다.

기업가들이 '엑설런스'를 화제로 대화할 때 내가 대학원에서 처음 읽었던 《초우량 기업의 조건》을 가장 많이 떠올리는데, 그 책은 역사상 가장 영향력 있는 경영서 중 하나로 널리 평가받는다. 이후 40여 년 동안 톰 피터스는 미국 50개 주, 63개국을 다니며 500만 명이 넘는 사람들에게 강연을 했다. 그리고 이제 그가 마지막이라고 주장하는 19번째 책 《톰 피터스 탁월한 기업의 조건》이 나왔다.

이 책은 오늘을 위한 책이다. 피터스는 꽤 오래 이 분야에 몸담고 있었지만 여전히 게으름을 부릴 줄 모른다. 그는 디지털 시대를 격하게 맞이했다. 그의 활발한 트위터 활동은 칭찬받을 만한 삶의 영위를 옹호하는 부단한 엑설런스를 보여주는 예다. 그는 12만 5,000회 이상 트윗을 했고 17만 명이 넘는 팔로어를 거느리고 있다. 그는 내가 트위터에 빠지게 된 주된 이유다. 나는 트위터로 피터스에게 처음 연락했고, 그 즉시 그는 멀리서 나의 멘토가 돼주었다. 그는 대단히 투명하고 관대하며 모든 사람과 기꺼이 소통한다. 특히 트위터에서 분명하게 드러나는 톰 피터스의 지혜는 당신이 만나는 모든 사람이 무언가는 당신보다 잘 알고 있다는 사실을 안다는 것이다.

리더로서 나의 인생 목표는 핵심 가치의 고수다. 하지만 어떻게 하면 내 가치를 분명히 하는 데서 나아가 하루하루 내 가치를 실천하는 방법을 찾을지, 그리고 어떻게 하면 동료들도 그렇게 하도록 고무할 수 있을지가 끝없는 고민거리다. 어디로 가면 안내를 받을 수 있을까? 신뢰할 수 있는 사람은 누굴까? 이 여정에서 나는 혼자인 건가? 답을 찾던 중 나는 개인적으로나 직업적으로나 내 인생을 바꿔줄 사람, 톰 피터스를 발견하기에 이르렀다. 평생 엑설런스와 도덕적 행동을 추구하고 있다는 그의 메시지는 주변의 소음을 잠재우고 내가 혼자가 아니라는 것을 알게 해주었다. 여러분도 혼자가 아니다. 그것이 톰 피터스가 이 책을 쓴 이유다.

내가 처음으로 톰 피터스를 직접 만난 것은 그가 화상 인터뷰를 위해 우리 세일즈포스(업무 애플리케이션을 웹 서비스로 제공한다는 기치 아래 설립한 기업으로, 클라우드 컴퓨팅 서비스를 제공한다-옮긴이)의 보스턴 사무실을 방문했을 때였다. 나는 피터스가 수행원을 대동하고 오리라고 예상하며 로비에서 그를 맞이했다. 그런데 그는 수많은 리더십 강연 영상에서 봤던 스웨터 차림에 백팩을 메고 혼자 나타났다. 그는 내가 쓴 《사회적 기업이 추구하는 엑설런스(The Pursuit of Social Business Excellence)》를 백팩에서 꺼내 나를 놀라게 했다. 그는 멋진 방식으로 감사를 표현하고 사람들이 자신감을 느끼게 해준다.

라이브 인터뷰의 마지막 준비 과정에서 나는 피터스가 감성 지능의 중요성, 더 많은 여성 리더를 승진시킬 때의 이점, 인공지능이 미래의 직업에 끼치는 영향 등 다양한 주제들이 담긴 두꺼운 폴더를 검토하는 모습을 보았다. 그의 탁월한 준비는 멋진 대담으로 이어졌다. 나는 2013년부터 900명 이상의 기업 리더들을 인터뷰했다. 그중에서 사람들이 가장 많이 본 두 편은 조회 수가 30만 회에 육박하는 톰 피터스와의 대담이었다. 더욱 놀라운 점은 피터스는 정식 인터뷰가 끝난 뒤에도 두 시간 넘게 머물면서 내 동료들을 만나고, 책에 사인을 해주고, 관심 있게 경청해주고, 수백 가지 질문에 답을 해주고는 조용히 작별 인사를 하고 떠났다는 것이다. 그는 겸손과 품위, 정말 기분 좋은 관대함으로 10여 명의 고위 임원들에게 영감을 주었다.

그의 빛나는 경력에서 이 책이 가장 중요한 공헌인 이유는 무엇일까? 피터스는 "여러분이 지금 하고 있는 것들이 전체 경력의 특징이 될 것이다"라고 힘주어 말한다. 그보다 더 진실한 말은 없다. 이 책에서 피터스는 어떻게 해서 탁월한 리더십이 오로지 다른 사람들의 성장을 돕는 데 집중할 때만 달성될 수 있는지 설득력 있게 설명한다. 그는 리더의 임무는 더 많은 추종자를 얻는 것이 아니라 더 많은 리더를 키우는 것이라고 오랫동안 열정적으로 주장해왔다.

《톰 피터스 탁월한 기업의 조건》은 비즈니스로 성공하는 법을 배우고 싶은 대학생, 직원과 고객과 지역사회에 깊은 관심을 가진 소기업인, 어떤 비즈니스든 전략적으로 가장 중요한 중간 관리자, 그리고 신뢰와 개인적 성장, 혁신, 진정한 평등 문화의 육성과 유지가 절대적으로 필요하다는 것을 이해하고 있는 나와 같은 고위 경영진(나는 세계에서 가장 성공적이고 빠르게 성장하는 기술 회사에서 근무한다)이 반드시 읽어야 할 책이다.

《톰 피터스 탁월한 기업의 조건》은 인생과 직업상 목표를 추구할 때 가장 중요한 것이 무엇인지 일깨워주는 멋진 책이다. 그것은 바로 사람을 가장 먼저 생각하며 열정적으로 깊이 배려하고 그들의 총체적 발전과 성공을 지원하는 것이다. 그리고 우리 삶에 즐거움을 주는 고무적인 제품을 만들고 서비스를 제공하는 것이다. 작고 지속적인 점진적 개선이 모여 혁신의 순간이 온다는 것을 알고 세세한 것에 아낌없이 주의를 기울이는 것이다. 감성 지능의 힘, 그리고 소프트 스킬이 개발하기 가장 힘들고 장기적으로 가장 중요한 기술임을 인식하는 것이다. 또한 피터스는 절실한 성 평등의 필요성, 기후변화의 영향, 교육비 부담 감소와 교육 기회의 확대 같은 큰 쟁점들의 긴급성을 확실히 인지하도록 일깨워준다.

당신이 열망하는 훌륭한 리더가 되기 위해 얼마나 오래 기다릴 의향이 있는가? 지금 지역사회, 기업, 국가는 갖가지 엄청난 혼란과 씨름하면서 그 어느 때보다 엑설런스를 찾고 있다. 문제는 당신이 난국에 대처하며 부름에 응하고, 주변의 혼란과 압력에 상관없이 진실함과 인간적인 가치로 이끌려고 노력하는 리더인가 하는 것이다.

당신이 세상에 남기는 진정한 유산은 당신이 없을 때 사람들이 하는 말들이다. 당신은 어떻게 기억될까? 친절하고, 배려심 많고, 참을성 있고, 관대하고, 현재에 집중하고, 긍정적인 사람으로 묘사될까?《톰 피터스 탁월한 기업의 조건》에서 피터스는 어려운 시기에 가장 중요한 리더십 특성에 대해 알려준다.

내가 피터스에게 얻은 가장 뜻깊은 가르침 중 하나는 그가 생각하는 엑설런스는 장기 계획도 아니고 올라가야 할 산도 아니라는 것이다. 엑설런스는 다음 대화나 다음 회의, 다음 프레젠테이션에서 발휘돼야 한다. "엑설런스는 다음 5분이 관건이다. 아니면 아무것도 아니다"라고 피터스는 말한다.

나는 이 책이 톰 피터스가 전 세계에서 가장 뛰어난 기업 및 경영 리더들과 협력하며 40여 년 동안 일구어온 데이터 중심 연구의 결실로 그가 쓴 최고의 책이라고 믿는다. 우선 나는 인문학, 리더십, 비즈니스, 엑셀런스 및 삶의 분야에서 독보적 개척자인 그의 발자취를 따라 최대한 많은 것을 배울 계획이다.

발라 아프샤르, 세일즈포스 최고 디지털 에반젤리스트
《사회적 기업이 추구하는 엑셀런스》의 저자
주간 팟캐스트 〈DisrupTV〉 공동 개설자 및 공동 진행자

기업은 인간의 복지를 증진하기 위해 존재한다.

미하이 칙센트미하이, 《몰입의 경영》

하고 싶은 말이 있으면 남성에게 요청하고,
해야 할 일이 있으면 여성에게 요청하라.

마거릿 대처

탁월함의 창출은 일이 아니다.
탁월함의 창출은 도덕적 행위다.

휴 매클라우드, 블로그 〈gapingvoid〉 운영

사람과 커뮤니티 제일주의

인류에 이바지하는 상품과 서비스

기업의 도덕적 책임

그 어느 때보다 커진 중요성

세렌디피티(serendipity: 우연히 흥미롭거나 가치 있는 것을 발견하거나 만드는 데 따르는 행운을 일컫는다 – 옮긴이)는 너무 자주 쓰이는 단어일지 모르지만, 이 책의 출판 과정에는 묘하게 들어맞는 단어일 것이다.

- **2019년 3월:** 40년 이상에 걸친 엑설런스의 추구를 요약하는 마지막 책 집필에 착수함. 사람과 커뮤니티가 우선이라는 주장을 마지막으로 소리 높여 탄원하는 것을 목표로 함.
- **2020년 2월:** 초안을 거의 완성해 동료들에게 논평을 요청함.
- **2020년 3월:** 코로나19로 미국과 세계 여러 지역에 봉쇄 조치가 내려짐. 전 세계로 번진 감염병의 대혼란과 함께 미국에서만 수백만 명의 실업자가 발생함.
- **2020년 6월:** 미국 전역을 휩쓴 시민들의 소요가 일어남. 오랜 인종적·정치적·경제적 불의와 불평등에 대한 항의는 매우 중요하며, 좀 더 일찍이 필요했던 투쟁이 강력하게 장기간 이어질 조짐을 보임.
- **2020년 가을:** 50여 년 만에 가장 악의에 찬 미국 대통령 선

거가 치러짐. 그 어느 때보다 깊은 사회 분열이 표면화됨(각성?). 가장 크게 대두된 문제는 불평등이었으나, 완화될 조짐은 보이지 않음.

- **2020년 가을~2021년 겨울:** 코로나19 사태가 지속되면서 혼란이 '뉴 노멀(new normal)'로 정착됨. (남용되고 있어 좋아하지 않는 단어지만 이 경우에는 뉴 노멀이 적절한 표현임.)

세렌디피티라는 단어를 쓴 연유는 현재진행 중이고 가속화되고 있는 인공지능(AI)의 일자리 파괴 쓰나미에 다차원적 격변까지 더해져 이 책의 메시지가 내가 상상했던 이상으로 훨씬 더 시의적절하고, 강력하며, 긴급해졌기 때문이다.

혼란 속에서 리드하기. 코로나19로 야기된 개인적·경제적 고통 속에서 리드하기. 극심한 인종 불평등을 새롭게 인식하면서 터진 분노의 함성으로 상징되는 사회적 고통 속에서 리드하기. 우리 민주주의를 뿌리째 위협하는 정치적 증오 속에서 리드하기. 기후변화의 엄청난 충격이 다가오고 있는 것이 아니라 이미 시작됐다는 분명한 진실 속에서 리드하기. 이런 광기 속에서 리더들은 팀원들과 자신이 속한 공동체, 지구 자체에 도움을 주려고 노력하려 할 때 어떻게 대처해야 번창해 나갈 수 있을까?

나는 그 어느 때보다 절박하게 거듭 강조한다.

- 사람들의 참여와 성장이 '가장' 먼저다.
- 공동체의 참여가 '가장' 먼저다.
- 지구가 '가장' 먼저다.
- 유사하지만 조금 더 싼 제품과 서비스가 아니라 인류에게 유익하고 자기 일에 자부심을 불러일으키는 제품과 서비스를 만들어야 한다.
- 리더는 배려하고 활기차고 공평한 문화의 창조와 유지를 '가장' 우선시해야 한다.
- 지금 당장.

'온' 마음과 '온' 영혼과 '온' 힘을 다해서. 꾸물거릴 때가 아니다! 나로서는 고개를 가로저을 만큼 기이한 일이지만 냉철한 기업인들에게서 "톰, 당신은 (소프트한 요소인) 사람에게 왜 그렇게 중점을 두는 거예요?"라는 질문을 수백 차례 받았다. 내가 할 수 있는 최선의 답변은 "아니면 다른 뭐가 중요하냐"는 것이다. 축구팀이나 교향악단, 해병대는 물론이고 자동차 판매업자나 직원이 6명 또는 60명인 회계 사무소, 구글에서도 사람이 중요하다. 다시 말하지만 중요한 것은 사람이다. 달리 중요한 게 뭐가 있겠는가?

조직이라는 것은 무미건조한 조직도와 직무 기술서도 아니고 피도 눈물도 없이 '효율성 제일주의'인 수많은 절차도 아니다. 조직은 스스로 살아 숨 쉬는 '커뮤니티'다. 조직은 직원과 고객은 물론이고 판매회사 직원들의 단란한 가정이 있는 커뮤니티 내의 커뮤니티다.

지금의 위기든 다른 위기든 위기에 대한 우리의 대응은 우리가 얼마나 많이, 그리고 얼마나 변함없이 다른 사람을 배려해야 하는지 보여준다. 내가 볼 때 리더의 입장에서 극도의 배려를 가장 중시하는 것은 당당히 우리 직원과 커뮤니티를 최우선시하는 데서 나온다.

나는 이 책이 행동(사실 극단적 행동)에 나서도록 고무하기를 희망한다. 정말 간단한 이유에서다. 극단적 시기에는 극단적 행동이 요구되기 때문이다. 나아가 오늘날의 광기에 직면해 우리가 건설할 새로운 조직 문화가 직원 성장의 극대화, 그리고 감히 말하건대 탁월하면서도 세상을 아주 조금이라도 나아지게 해줄 제품과 서비스를 만들기 위해, 헌신하는 보다 인간적이고 보다 활기찬 일터로 특징지어지는 광범위한 혁명을 선도하기를 희망한다.

마지막으로 이 책은 지금도 앞으로도 이른바 '경영서'로 받아들여질 것이므로, '사람이 먼저'라는 원칙이 장기적인 조직과 커뮤니티의 건강, 그리고 중요한 제품과 서비스의 생산에 단연코 가장 효과적인 비즈니스 관행이라는 사실은 데이터상으로도 분명히 나와 있다는 것을 상기시키고자 한다.

43년 동안의 희망의 여정

이 책은 지금까지 해온 연구의 '요약'이다

이 책은 '나의 마지막 노력'이다

이 책은 '나의 최선이 담긴' 책이다

지금 바로 읽어주기 바란다

나는 1977년 《초우량 기업의 조건》 출간 이후 43년 동안 엑설런스(excellence), 즉 탁월성을 추구해오고 있다. 이 연구는 내가 평범한 컨설턴트로 채용된 맥킨지의 샌프란시스코 지사에서 내 상사의 상사인 상무이사의 허락으로 시작됐다. 상무이사는 왜 재능 있는 컨설턴트들이 기발하고 확실한 경영전략들을 구상해주어도 고객들은 이를 실행하기 어렵거나 불가능하다고 생각하는지 의아해했다. 나는 당시 스탠퍼드대학교 경영대학원에서 실행을 주제로 한 논문을 쓰고 박사 학위를 받은 참이었다(사실 실행을 주제로 한 논문은 처음이라는 말을 들었고 상도 몇 개 받았다). 맥킨지에서 말 그대로 세계 어디든 갈 수 있는 무제한의 출장비를 받은 나는 대기업의 효과적인 전략 실행에 관한 아이디어와 사례를 찾아 나섰다.

조사를 시작한 지 1년이 지난 어느 날, 나는 그 주제에 대해 고객에게 프레젠테이션을 하라는 지시를 받았다. 샌프란시스코 지사장이 24시간도 안 되는 시간 여유를 주고 내린 명령이었다. 프레젠테이션 전날 나는 샌프란시스코 발레단의 훌륭한 공연을 관람했다. 발레 공연을 다녀와 발표문을 정리하는 동안 이상한 생각이 머리를 스쳤다.

성인들은 거의 모두 일을 한다. 우리는 직장 동료, 의뢰인, 고객, 지역사회를 효과적으로 도와줌으로써 일자리를 유지한다. 그러한 일과 타인에 대한 서비스는 왜 샌프란시스코 발레단의 공연을 닮지 못할까? 왜 발레 공연의 탁월함은 6인 또는 600인 사업체와 거기 종사하는 우리 일의 특성이 될 수 없을까? 나는 그 생각에 사로잡혀 다음 날의 짧은 프레젠테이션 제목을 '엑설런스', 즉 탁월함이라는 한 단어로 정했다. 내 프레젠테이션에 대한 반응은 긍정적이었지만 곧바로 그 아이디어를 발전시키지는 못했다. 하지만 비즈니스에서는 왜 탁월함이 안 되느냐는 아이디어가 머리에 남았고, 나는 이를 조금 더 다듬어 널리 흩어진 우리 팀에 시도해보았다. 시간이 흐르면서 동료들과, 그리고 기쁘게도 고객들이 그 개념을 받아들여 우리는 이를 발전시켜갔다.

그게 43년 전의 일이다. 그리고 43년 동안 내 근본 주장은 바뀌지 않았다. 나는 사실상 개인과 조직의 엑설런스를 탐색하며 성인기를 보냈다. 오랜 세월 좋은 친구로 지내고 있는 로버트 워터먼과 공동 집필한 내 첫 번째 책은 여러 이유로 인기를 얻었는데, 특히 타이밍이 완벽했다(미국은 기업의 병폐와 대불황에 시달리고 있었다). 그 책은 1989년부터 2006년까지 미국 도서관에 가장 널리 보급된 책이 될 정도로 영향력이 컸다. 돌이켜 보면 '발레 공연 같은 비즈니스', '비즈니스에서의 엑설런스' 개념이 공감을 얻었던 게 분명하다.

피드백은 그때나 지금이나 좋지만 '엑설런스 혁명'은 일어나지 않아 나는 엄청난 좌절을 느꼈다. 특히 중소기업을 중심으로 이 개념이 얼마간 도입됐지만, 여전히 탁월한 발레 공연에 미치지 못하는 기업 경영이 표준으로 남아 있다. 그래서 그 뒤로 17권의 책을 더 쓰고 63개국에서 2,500번 이상 강연을 했다. 책은 의도적으로 다음 내용을 반복적으로 이해하기 쉽게 썼다.

- 사람을 소중히 여겨라. 그들을 거듭 훈련하고 친절과 존중으로 대하고 미래를 준비하도록 도와라. 모든 직원이 서로 성장을 장려하고 동료들을 보살피려고 노력해야 한다고 역설하라. 요즘처럼 어려운 시기에는 두 배, 세 배 그래야 한다. 목표는 직원 참여의 극대화(Extreme Employee Engagement, E-cubed)다. 핵심은 모든 사람이 엑설런스를 표준으로 삼게 하는 것이다. ('결론'은 이것이 성장을 위한 최선의 방식이고 수익성을 위한 최고의 자극이기도 하다는 것이다.)

- 고객들에게 고무적이고, 우리를 미소 짓게 하고, 우리의 노력에 자부심을 느끼게 하며, 어쩌면 세상도 조금 더 좋게 만들 수 있다는 행복감을 주는(아주 신경 써서 고른 표현이다) 제품과 서비스를 만들어라. 이것이 내가 말하는 익스트림 휴머니즘(Extreme Humanism)의 기반이다. 그리고 이것은

모든 업계와 조직 내 모든 부서에 적용되는 계율이다. (참고로 '익스트림 휴머니즘'을 보여주고 '행복감을 주는' 제품과 서비스는 AI 쓰나미에 대한 최고의 방어책이기도 하다.)

- "작은 것이 큰 것보다 중요하다"는 말은 내가 늘 외우는 주문이다. 수많은 작은 조치들과 기억에 남는 마무리가 '획기적인' 시도보다 중요하다. '시리어스 플레이(serious play)'라고 표현하는 미지의 세계로 향한 끊임없는 작은 발걸음을 매일, 매시간 내디뎌라. 우리 모두, 그러니까 우리의 100퍼센트가 혁신가가 될 수 있고 돼야만 한다!

- 당신이 영향을 끼칠 수 있는 범위 내에서 기후변화가 가져올 재앙에 긴급히 대처할 필요가 있음을 받아들여라. 어중간한 조처로 통할 시간은 지났다. 기후변화의 영향은 임박한 게 아니라 이미 시작됐다.

- 항상 명예롭게 행동하고 탁월하고 활발한 커뮤니티의 구성원이자 도덕적인 리더가 돼라. 당신의 일과 봉사 활동을 가족들에게 자랑스럽게, 심지어 기쁘게 묘사할 수 있게 하라.

- 매일매일 엑설런스를 목표로 하라. 그것은 거창한 포부가 아니라 열 줄짜리 다음번 이메일에 표현되어야 할 삶의 방식이어야 한다.

이러한 개념들은 여러분과 나, 그리고 우리 동료들이 가치 있는 일, 모든 이해관계자에게 긍지를 불러일으키는 일을 하는 것으로 나타나며, 앞서 언급했듯이 그런 일은 지속적인 성장과 최고 수준의 수익성이라는 일반적 사업 실적 측면에서 놀라운 성과를 올리게 한다.

이 책에는 75개의 아이디어와 함께 '실천 사항'이 제시돼 있다. 믿음을 갖고 여러분에게 감히 말하건대 결단력과 열정, 100퍼센트의 참여로 이 아이디어들을 실행할 때 상상할 수 있는 온갖 상황에서 효과적이라는 사실이 거듭 증명됐다.

▶▶ 심판의 시간이 다가오고 있다

우리는 코로나19와 1960년대 중반 이래 가장 심각한 사회적·정치적 불안에 시달리고 있다. 일생일대의 혼돈이라고 일컬을 수밖에 없는 혼란이다. 재계를 비롯한 여러 조직과 리더들은 연민과 배려하는 마음으로 잘 대응하는 모습을 보였다. 그리고 어떤 조직과 리더들은 전통적인 효율과 산출 극대화의 도그마를 고수하며 때로는 냉담하고 심지어 비난받을 만한 방식으로 행동하는 모습을 보였다.

미친 듯한 현 상황에서는 이 책에서 묘사하고 있는 엑설런스가 그 어느 때보다도 중요하고 시급하다고 생각한다. 엑설런스는 주 7일, 하루 24시간, 매분, 매초의 활동을 망라해야 한다. 그것이 필수다. 엑설런스는 도덕적 '차원'의 문제가 아니다. 여기서 정의하는 엑설런스는 모든 상황, 우리 모두가 내딛는 모든 발걸음에 반영돼야 한다. 팀원, 커뮤니티, 고객을 향한 인간적이고 사려 깊고 포용적인 제스처가 우리의 기본 중의 기본이 돼야 한다. 엑설런스는 '우리의 일부분'이 아니다. 엑설런스가 곧 우리다. 그렇다. 인종과 젠더 문제에 대해 더 이상 얼버무리지 말고 이러한 문제들에 대한 대처를 조직의 사명과 전략이자 일상적 행동 평가의 중심으로 삼아야 한다. 그러면 아마도 지금과 같은 최악의 혼란이 지나갔을 때 '사람을 우선시하고 우리가 하는 모든 일에서 배려와 연민과 포용의 리더십과 엑설런스를 추구하는 것이' 드문 일이 아닌 표준인 새로운 시대를 맞이할 수도 있을 것이다.

▶▶ 포스트 코로나 시대에 요구되는 7가지 리더십

- 친절하라.
- 배려하라.
- 인내하라.
- 관대하라.
- 현재에 집중하라.
- 긍정적으로 행동하라.
- 상대방의 입장이 되어보라.

한마디로 말해 이것은 긍정적인 변화와 더 나은 세상을 위한 씨앗을 심을 수 있는 더없이 좋은 기회다. 전면적인 참여와 노력에 미치지 못하는 대응은 비양심적인 행동이라고 생각한다. 부디 행동하라. 기회를 날리지 마라!

엑설런스를 추구하라, 지금 당장!
사람을 우선으로 생각하라, 지금 당장!
익스트림 휴머니즘을 지향하라, 지금 당장!
이를 세상에 유산으로 남겨라, 지금이 아니면 불가능하다!

이 책에 담긴 내용은 엑설런스, 익스트림 휴머니즘, 사람이 우선인 인간 중심 경영, 배려와 연민과 포용적 기업 리더십의 세계로 가는 꽤 완벽한 로드 맵이라고 믿는다. 이 로드 맵을 따른다고 코로나19와 사회적·정치적 문제들이 사라지지는 않을 것이다. 그러나 모든 구성원의 성장과 해당 지역사회의 복지를 위해 '필사의' 노력을 하는 조직을 만들고 유지하게 할 수 있다. 모든 리더는 그런 공헌을 하려고 날마다 노력할 수 있으며, 이는 우리 모두가 직면하고 있는 엄청난 쟁점들을 조금이라도 해결하게 한다.

이러한 목표들의 달성은 팀원들, 고객, 지역사회, 그리고 우리 개인에게 얼마나 경이롭고 고무적인 일일까? 하지만 식은 죽 먹기처럼 성공하기가 쉽지는 않을 것이다.

그 여정은 오늘 시작된다. 직설적으로 말하자면 리더로서 여러분이(이 책의 대표적 독자들은 리더다. 사실 우리는 '모두' 리더가 돼야 하고 될 수 있다) '위기의 한가운데 선 지금' 어떻게 행동하느냐가 여러분 인생의 업적을 결정짓는 중요한 한 요소 또는 유일한 요소일 것이다. 좋은 것이든 나쁜 것이든.

사람이 먼저인 인간 중심 경영, 직원 참여의 극대화

➜ **지금이 아니면 안 된다.**

배려와 연민과 포용적인 리더십

➜ **지금이 아니면 안 된다.**

지역사회 참여의 극대화

➜ **지금이 아니면 안 된다.**

지속 가능성의 극대화

➜ **지금이 아니면 안 된다.**

영감을 주고, 세상을 조금 더 좋아지게 하며, 우리를 자랑스럽게 해주는 제품과 서비스

➜ **지금이 아니면 안 된다.**

모든 일에서 익스트림 휴머니즘의 추구

➜ **지금이 아니면 안 된다.**

모든 일에서의 엑설런스

➜ **지금이 아니면 안 된다.**

▶▶ 이력서 덕목 vs. 추도사 덕목

> 나는 이력서 덕목(resume virtue)과 추도사 덕목(eulogy virtue) 간의
> 차이에 대해 생각해왔다. 이력서 덕목은 이력서에 열거할 것들, 고용
> 시장에 내놓을 기술들, 외적 성공에 기여할 기술들이다. 추도사 덕목
> 은 더 심층적인 것들이다. 장례식에서 이야기될 덕목들, 즉 친절하고
> 정직하고 충직한 사람이었는지, 인간관계는 어땠는지 등 존재의 핵심
> 이 되는 덕목들이다.
>
> 데이비드 브룩스, 《인간의 품격》

▶▶ 거인들의 어깨를 빌려

두말할 것도 없이 사람들이 내 글에 대해 친절하게 이야기해
주면 기쁘다. 하지만 그냥 하는 말이 아니라 사실 나는 거인들
의 어깨 위에 서 있다. 내가 강연에서 사용하는 파워포인트 슬
라이드 50장에는 다른 훌륭한 사람들이 한 말이 30여 개나 들
어 있다.

나는 이 책에서 사우스웨스트항공의 허브 켈러허와 콜린
바렛, 마거릿 대처, 아무나 흉내 낼 수 없는 리처드 브랜슨 경,
광고계 명예의 전당에 오른 스타 기업가 린다 카플란 탈러,
심지어 벤저민 프랭클린 같은 이들의 어깨를 빌릴 것이다. 내
말이 아닌 그들의 말이 항상 먼저일 것이다! 나는 단순히 정

리하고 간결히 해설해주고 줄기차게 넛지(nudge) 해주는 책임만 맡을 것이다. 엑설런스를 위해 전력을 다하고, 완전히 몰입하고 매우 잘 훈련된 직원들로 구성된 기업을 세워서 기억에 남고, 감정을 사로잡고, 정신을 고양하는 제품과 서비스를 고객들에게 계속 전달해주는(좀 복잡하지만 대체로 정확한 평가) '실질적인 사람들'은 어쨌거나 내가 아닌 그들인 까닭이다. 그러므로 그들에게 주목하라. 그리고 그들에게서 배우도록 하라.

▶▶ **요청 사항**

내 기준에 이 책은 얇은 편이다. 내 책《해방경영》은 1,300쪽이나 된다. 위에서 말했듯이 사실상 이 책은 내 파워포인트 파일에 있는 수천 개의 인용문 중에서 선별한 300개의 인용문 모음집이다. 적어도 여러분은 한 시간, 길어도 두세 시간에 한 번은 고개를 끄덕이며 이 인용문들을 읽게 될 것이다.

그러나 단단히 요청 또는 간청할 것이 있다. 여러분은 이 인용문들을 단숨에 읽어버릴 수도 있다. 하지만 나의 허황된 희망은 여러분이 몇 개월, 몇 년에 걸쳐 또는 경력을 쌓아가는 내내 이 소견과 처방을 정말로 (진정으로) 이해하는 것이다. 내가 상상 또는 희망하는 대로 브랜슨의 주장이나 켈러허의 주장을 곱씹어보고, 머릿속으로 이리저리 생각해본 다음 좀 더 곱씹어보고, 가장 심오한 몇몇 의견을 친구들, 동료들과 논의해보는 것이다. 사실 이 인용문들 하나하나가 삶의 방식을 담아내고 설명하고 있다고 해야 할 것이다.

예를 들어 성공한 소프트웨어 회사인 멘로이노베이션의 CEO 리처드 셰리든의 다음 이야기를 생각해보라.

> 그것은 급진적이고, 파격적이며, 정신 나간 비즈니스 아이디어처럼 들릴 수 있다. 그러나 터무니없는 소리 같겠지만 즐거움은 우리 회사의 핵심 신념이다. 즐거움은 우리 회사가 존재하는 이유다. 그것은 전 부서가 공유하는 단 하나의 믿음이다.

이것이야말로 '참신한' 생각이다! 즐거움이 회사가 존재하는 이유라니. 그는 진심으로 그렇게 생각하고 회사를 경영하며, 결과가 그것을 보여준다. 극단적이긴 하지만 여러분의 분야에서도 이런 현상을 상상할 수 있는가? 성급하게 대답한다면 셰리든 사장과 나에 대한 모욕이 될 것이다.

내가 보장한다. 앞서 말했다시피 이 말들은 대단히 사려 깊은 사람들의 입이나 펜, 키보드에서 나온 것이다. 이 인용문들은 상상할 수 있는 모든 상황에서 세상을 조금 더 좋게 만드는 데 이바지하며 잘 살아온 삶에 대한 그들의 요약이며 결론이다.

그러므로 한 인용문을 보고 고개를 끄덕이고 다음 인용문

으로 넘어가는 대신 '흐음, '내' 분야에도 적용할 수 있을까?'
라고 숙고하고, 숙고하고, 또 숙고하라.

그렇다.

숙고!

숙고!

숙고하라!

그리고 혼자 또는 동료들과 함께 실행하라.

▶▶ **당부의 말**

이것들은 내가 관심을 두는 내용이다. 이 이야기를 하기 위해
63개국을 다니면서 쌓인 마일리지만 해도 약 300만 마일리지
나 되며, 야간 비행기는 또 얼마나 많이 탔는지 신은 아실 것
이다. 청중들에게 리처드 셰리든 같은 이들의 이야기를 진지
하게 받아들이라고 간청하기 위해서였다. 나는 '이 모든 내용'
을 진정으로 중시하며 그것들이 효과가 있음을 정말로 알고
있다.

지금 내 나이가 일흔아홉이다. 이 책은 비즈니스 및 그 밖의
분야의 리더와 리더가 아닌 이들에게 이를 전달하기 위한 마
지막 혼신의 노력이자 마지막 일성이다.

부디 귀 기울여주기를 바란다.

(정말!)

Excellence. Now.
People First. Now.
Extreme Humanism. Now.
Your Legacy. Now.

이 책의 사용법

이 책은 장으로 나뉘지 않는다. 대신 15가지 주제와 75가지 실행 과제가 제시된다. 차례는 굵은 글씨체로 표기된 각 주제의 번호와 제목, 그리고 그 아래의 실행 과제들로 구성돼 있다.

그리고 이 책 곳곳에는 구체적이고 실행 가능한 '실천 사항'들이 있다.

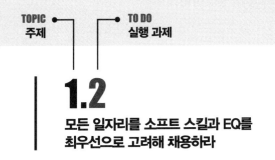

TOPIC
주제

TO DO
실행 과제

1.2
모든 일자리를 소프트 스킬과 EQ를 최우선으로 고려해 채용하라

> 한마디로 채용은 비즈니스의 가장 중요한 측면이지만 여전히 몹시 잘못 이해되고 있다.
>
> **필립 델브스 브러턴, '앞서가기 위한 노력', 〈월스트리트저널〉**

TO DOS
실천 사항

실천 사항 2A

상사인 여러분은 솔직히 제대로 자격을 갖춘 '채용 전문가'라고 선언할 수 있는가? 만약 그렇지 않다면 어떤 조치를 취할 것인가? 이는 여러분의 일이자 비즈니스의 가장 중요한 부분이다. 인사과에만 맡길 일이 아니다.

우리가 (채용 과정에서) 사용하는 최종 필터는 좋은 사람만 뽑는 것이다. 기능 평가가 끝나면 '집중 공격(running the gauntlet)'이라고 불리는 절차가 남았다. 15명 또는 20명의 지원자가 상호작용하게 하고 각자 '반대투표'를 하게 하는 것이다. 즉 채용되면 안 되는 사람을 특정하

톰 피터스 탁월한 기업의 조건

EXCELLENCE NOW
table of contents

15
Topics

&

To Dos
75

탁월한 기업이 되기 위한 43가지 핵심 아이디어들

1

최우선 원칙

1.1
하드한 요소는 약하고
소프트한 요소는 강하다

> 경영에서 사용하는 '확실한 사실(hard facts)'과 '소프트한 요소(soft stuff)'라는 용어는 어쨌든 데이터는 실제적이고 강력하나 감정은 약하고 덜 중요하다고 암시한다.
>
> 조지 콜라이저, 《마인드 이노베이션》

내 삶은 "하드한 요소는 약하고 소프트한 요소는 강하다"는 말로 요약된다.

수치, 계획, 조직도 등 하드한 요소는 약하다. 계획은 종종 환상에 그치고, 조직도는 실제로 조직이 작동하는 방식과 거의 무관하며, 수치는 조작되기 쉽다. 금융시장 분석가들과 신용 평가 기관 직원들이 무가치한 주택 담보 대출 '파생 상품'을 교묘하게 포장하고 평가하는 바람에 2007~2008년 수조 달러 규모에 이르는 금융 위기가 촉발된 것이 좋은 예다.

사람, 관계, 문화 등 소프트한 요소는 강하다. 배려, 훈련, 인정 등 최상의 '관행'은 대단히 건전하고 공동체 의식이 강한 조직을 만들며 시장에서도 승리한다. 효과적인 인사 업무, 영감을 주는 디자인, 매료된 고객, 도움을 주기 위해 비상한 노력을 기울이는 판매업체는 모두 하루하루 길러지는 지원 문화 (supportive culture)의 부수적인 산물이다.

이는《초우량 기업의 조건》의 핵심이었다. 또한 요즘 내 작업의 핵심이며 내 모든 책의 핵심이었다. "하드한 요소는 약하고 소프트한 요소는 강하다"는 아이디어를 받아들인 이들도 일부 있지만, 유감스럽게도 그것이 표준은 아니다. 그리고 내가 이 책을 쓰는 지금 우리는 코로나19와 깊은 사회적·정치적 불안에 시달리고 있다. 인간적이고 사려 깊은 행동이 사실 그 어느 때보다 중요하다. 훨씬 더!

실천 사항 1A

하드한 요소는 약하고 소프트한 요소는 강하다. 때가 왔다. 지금이다. 다음 대면 근무 또는 재택근무, 줌 회의에서 이 중요한 것부터 유념하자.

▶▶ **의외인 구글 보고서**

옥시전 프로젝트(Project Oxygen)는 구글의 최상위 직원들의 가장 중요한 자질 8가지 중 과학·기술·공학·수학(STEM) 전문성이 가장 덜 중요하다는 결론을 내려 모두를 놀라게 했다. 구글에서 성공한 사람들의 가장 중요한 특성 7가지는 모두 소프트 스킬(soft skill: 생산, 마케팅, 재무 등 경영 전문 지식을 하드 스킬이라고 하고, 커뮤니케이션, 협상, 팀워크, 리더십 등을 활성화할 수 있는 능력을 소프트 스킬이라고 한다 – 옮긴이)이었다. 그 7가지는 좋은 코치 되기, 소통과 경청, (타인의 다른 가치와 관점을 포함해) 타인에 대한 통찰, 동료에 대한 공감과 지원, 뛰어난 비판적 사고와 문제 해결 능력, 복합적 아이디어들의 연결 능력이었다. 그러한 특성은 프로그래머보다는 영어나 연극·영화 전공자의 특성에 더 가깝다.

아리스토텔레스 프로젝트는 첨단 기술 환경에서도 소프트 스킬이 중요하다는 추가 증거를 제공한다. 아리스토텔레스 프로젝트에서는 혁신적이고 생산적인 팀들에 대한 데이터를 분석했다. 구글은 고도의 전문 지식을 갖추고 있고 최첨단 아이디어를 연달아 내놓을 수 있는 최고의 과학자들로 구성된 A팀에 자부심이 있다. 그러나 구글의 데이터 분석은 회사의 가장 중요하고 생산적인 아이디어가 부서에서 가장 똑똑한 직원들은 아닌 B팀에서 나온 것으로 드러났다. 아리스토텔레스 프로젝트에 따르면, 구글 최고의 팀들은 평등, 관대함, 팀 동료들의 아이디어에 대한 호기심, 공감, 감성 지능 등 다양한 소프트 스킬을 갖고 있었다. 그중 가장 중요한 것은 정서적 안전으로 직장 내 괴롭힘이 없다는 것이었다.

밸러리 슈트라우스, '구글이 직원들에 대해 알게 된 놀라운 사실–이것이 오늘날의 학생들에게 갖는 의미', 〈워싱턴 포스트〉

'소프트한 요소'는 메릴랜드주 아나폴리스에 있는 식당의 서 빙 직원에게만큼이나 실리콘밸리의 최첨단 기업 구글에서도 중요하다. 이는 다이너마이트급 폭로지만 돌이켜 생각해봐도 나로서는 놀라울 게 없다. 또한 이것은 모든 리더에게 행동을 촉구하는 명확한 메시지가 돼야 한다.

실천 사항 1B '온갖 것을 경험한' 베테랑인 내가 구글 보고서를 읽었을 때 흠칫하며 다시 보았을까? 어쩌면 헉 소리를 냈을지도 모른다. 여러분이 읽을 때도 헉 소리가 나오기를 진심으로 바란다. 그런 다음 천천히 서너 번 읽어보라. 그리고 널리 공유하라. 격렬하게 토론하라. (여기서 당신 자신의 실천 사항을 여럿 만들어내야 한다. 메시지가 이보다 더 명확할 수 있을까? 게다가 '구글'에서 나온 이야기이지 않은가.)

▶▶ **소프트한 요소는 강하다: '연민의 경제학'**

> 우리는 흔히 연민과 친절 같은 감정이 강함이 아니라 나약함의 표현이라고 믿게 된다. 그리고 비열함은 강인함과 동일하고 공감은 힘없음을 나타낸다는 잘못된 믿음에 쉽사리 굴복할 태세를 갖추고 있다. 하지만이 책에 담긴 증거는 그 반대임을 시사한다.
>
> 코리 부커 상원 의원, 《연민의 경제학(Compassionomics)》 추천 서문

《연민의 경제학》은 의사이자 연구자인 두 사람이 쓴 책이다. 이 책은 의료 서비스를 다룬다. 하지만 의학서가 아니다. 내가 몇 년 동안 읽은 책 중 최고의 리더십 책이며, 상황과 관계없이 훨씬 더 나은 결과를 가져오는 행동을 다룬 경영서다. 그리고 《연민의 경제학》은 내가 본 것 중에서 "하드한 요소는 약하고 소프트한 요소는 강하다"는 사실의 가장 좋은 예시를 제공해줄 것이다.

주 저자인 스티븐 트셰치아크는 의학박사이자 연구자다. 그는 그냥 연구자가 아니다. 냉철하고 타협이 없는 양적 연구자다. 그리고 그와 마짜렐리 박사의 책은 꼼꼼히 조사된 양적 연구 보고들로 가득하다. 하지만 주제는 연민이다. 그리고 연민이 의료 환경에서 도움이 된다는 증거는 압도적이다. 연민은 치유 속도를 높이고, 부작용을 줄이고, 정신적 예민함을 줄임으로써 무수히 많은 생명을 구해준다는 가장 중요한 결과를 가져올 뿐만 아니라 언제나 의료인에게 훨씬 나은 재무 성과를 안겨준다.

이 책의 서론에서는 다음과 같이 말한다.

다윈의 이름을 널리 알려준 '적자생존'이 그가 처음으로 한 말이 아니라는 사실을 알면 놀랄지도 모른다. 진화에 관한 다윈의 견해를 읽고 이 말을 만들어낸 사람은 사실 영국의 저명한 생물학자이자 인류학자인 허버트 스펜서였다. 시간이 흐르면서 이 프레임이 잘못 해석되면서 다윈의 진화론이 공격적이고 검투사 같은 행동을 정당화한다는 믿음이 널리 퍼지게 됐다. 그러나 실제로 다윈이 내린 결론은 달랐고, 훨씬 더 주목할 만했다. 다윈에 따르면, 타인에 대한 연민을 가장 많이 보이는 공동체가 "가장 번성하고 가장 많은 자손을 낳아 기른다"고 한다. 요컨대 과학적 증거들은 연민이 실제로 종을 보호한다는 것을 뒷받침한다.

트셰치아크와 마짜렐리는 연민의 효과에 대한 반박할 수 없는 유력한 증거를 페이지마다, 장마다 제시한다. 독자들에게 분명히 말하는데 내가 몇 년 동안 접한 최고의 리더십 책인《연민의 경제학》에 보고된 연구들은 비즈니스 또는 상상할 수 있는 여타 조직 환경 모두에 그대로 적용된다.

《연민의 경제학》을 읽어라. 그것을 다른 사람들과 공유하라. 논쟁의 여지가 없는 그 책의 결론대로 행동하라.

연민은 삶을 나아지게 만들고, 생명을 구하며, 득이 된다. 하드한 요소는 약하고 소프트한 요소는 강하다.

실천 사항 1C 이 책을 그냥 읽는 게 아니라 공부하라. 자신의 말로 옮겨라. 동료와 함께 실천 목록을 작성하라. (자기 나름의 '연민의 경제학'을 가동할 생각을 진지하게 한다면 깊이 들어가 조직 문화를 바꿔야 한다는 사실을 명심하라.)

▶▶ <u>소프트 에지(edge)</u>

나는 재계가 갈림길에 와 있으며, 하드 에지(hard edge)를 믿는 사람들이 서사와 토론을 지배하고 있다고 믿는다. …… 대부분의 기업 내부, 그리고 대부분의 관리자들 사이에서 벌어지는 돈과 관심을 위한 싸움은 하드 에지와 소프트 에지(soft edge: 리치 칼가아드는 성공을 넘어 위대함을 창조한 기업은 뛰어난 전략과 경영에 대한 하드 에지, 그리고 지속적인 가치를 만들어내는 소프트 에지, 이 3가지가 기초가 되며, 그중에서 소프트 에지를 통한 혁신이 가장 중요하다고 했다 – 옮긴이)와의 싸움이다.

탁월한 소프트 에지를 위한 돈과 시간 투자가 너무 적은 기업이 너무 많다. 이러한 실수를 하는 주요 원인으로는 다음 3가지를 꼽을 수 있다.

- 하드 에지는 수량화하기가 더 쉽다.
- 성공적인 하드 에지 투자는 투자 수익을 더 신속하게 제공한다.
- 최고 경영자(CEO), 최고 재무 책임자(CFO), 최고 운영 책임자(COO), 이사회, 주주들은 재무를 주로 이야기한다.

이제 나는 여러분 회사의 소프트 에지에 시간과 돈을 투자해야 한다고 주장하려 한다.

- 소프트 에지의 강세는 브랜드 인지도와 수익률을 높인다. 이는 차

별성 없는 상품의 세계(Commodityville)를 벗어날 티켓이다.

- 소프트 에지가 강한 회사는 큰 전략적 실수나 대혼란에서 살아남을 수 있는 준비가 더 잘돼 있다.
- 하드 에지의 강세는 경쟁에 절대적으로 필요하지만 이는 일시적 이점만 제공한다.

리치 칼가아드, 《소프트엣지》

《소프트엣지》는 '신뢰', '팀', '기호', '스마트함', '스토리'를 제목으로 한 각 파트에서 이러한 메시지를 뒷받침하고 있다.

솔직히 털어놓자면 나는 리치 칼가아드가 내린 '소프트'의 정의를 내가 내린 정의보다 더 좋아한다! 그리고 그가 아마도 전적으로 이 주제를 다룬 책을 최초로 썼다는 사실이 감격스럽다.

▶▶ 다뤄지지 않은 주제 '소프트한 요소'

의과대학에 다니는 동안 현미경을 들여다보는 데 수백 시간을 바쳤지만, 그것을 알거나 사용할 필요가 있었던 적은 한 번도 없었다. 그러나 매일 병원에 들어설 때마다 필요한 기술인 의사소통이나 팀워크 기술을 가르쳐주는 수업은 단 하나도 없었다.

피터 프로노보스트, 《존스 홉킨스도 위험한 병원이었다》

존스홉킨스병원 중환자실 책임자였던 프로노보스트는 의료 현장에 체크리스트를 도입해 수만 명의 생명을 구했다. 일반적으로 의학, 공학, 경영 등의 전문 대학원은 '소프트한 측면'에 관심을 기울이는 데는 형편없는 성적을 보여왔다. 크게 부족한 이 부분을 해결하는 것이 나의 중요한 인생 목표 중 하나다.

> 나는 그곳에 앉아 이 조직을 그토록 건강하게 만든 놀랍고도 비정통적인 활동(사람이 우선이라는 신조, 리더십 스타일, 공동체 문화 등)을 강조하는 발표를 연이어 들으면서 최고 경영자 쪽으로 몸을 기울이며 반문했다. "왜 경쟁사들은 이렇게 하지 않는 거죠?" 몇 초 후 거의 슬프게 들리는 목소리로 그가 소곤거렸다. "솔직히 내 생각에는 자기들이 생각할 가치가 없는 것들로 여기는 것 같아요."
>
> 패트릭 렌치오니, 《무엇이 조직을 움직이는가》

실천 사항 1D

"그들은 자기들이 생각할 가치가 없는 것들로 여긴다." 아, 수십 년에 걸친 관찰 결과, 나는 그것이 정말 사실이라고 생각하게 됐다. 여러분은 어떤가? 성급하게 대답하지 마라. 부탁이다. 지난번 회의에, 지난주에, 지난번에 팀원 중 한 명과 나눈 중요한 대화를 되돌아보라. '소프트한 측면'에 대한 주 관심을 반영하고 분명하게 보여주었는가? 여러분이 소프트한 측면을 어젠다의 최상위에 영구적으로 두도록 간청한다. 그리고 업종에 상관없이 '소프트한 사업에 종사하고 있음'을 깨닫도록 하라!

▶▶ 지금이 이를 수용할 때다

나의 지난 43년은 '종교적'이라고 해도 좋을 만큼 "하드한 것은 약하고 소프트한 것은 강하다"라고 조르고, 외치고, 간청한 세월이었다. 아, 애석하게도 나는 바람만큼 결코 성공하지 못했다. 그러나 우리를 둘러싼 혼란 때문에 가속이 붙어 이 말이 제자리인 맨 앞을(MBA 과정까지도?) 차지할 순간이 올 가능성이 있다.

일부 리더들은 코로나19와 폭발적인 사회불안으로 야기된 광기에 직면해 존경할 만한 행동을 보였다. 그러나 그렇지 못한 리더들도 있었다.

기억은 오래간다. 그래서 진정으로 사람을 우선으로 생각하는 훌륭한 행동을 보여준 이들이 마침내 비용 절감 전문가들, 분별없이 기술을 채택하는 이들, 영혼 없이 '주주 가치 극대화'만 좇는 이들을 옆으로 밀어내고 무대 중앙을 차지했으리라 믿는다. 끔찍하게 남용돼온 표현이기는 하지만, 어쩌면 '뉴노멀(new normal)'이 "하드한 요소는 약하고 소프트한 요소는 강하다"로 바뀔 순간이 지금일 수도 있다. 특히 팬데믹의 여파와 엄청난 사회적 불평등에 대한 인식이 크게 높아진 점을 고려할 때 아주 작은 회사부터 거대 기업까지 기업의 리더들 중이 사실을 수용한 이들은 우리에게 최고이자 유명한 롤 모델이 될 것이다.

▶▶ 얀켈로비치의 당부

첫 번째 단계는 쉽게 측정할 수 있는 것들을 측정하는 것이다. 이 정도까지는 괜찮다.

두 번째 단계는 측정할 수 없는 것들을 무시하거나 임의로 양적 값을 부여하는 것이다. 이는 거짓이며 진실을 오도하는 것이다.

세 번째 단계는 측정할 수 없는 것들은 그리 중요하지 않다고 간주하는 것이다. 이는 무지다.

네 번째 단계는 측정할 수 없는 것들은 실제로 존재하지 않는다고 말하는 것이다. 이는 자살행위다.

대니얼 얀켈로비치(여론 분석가이자 저자로서 대화법과 화술 전문가로 명성을 떨친 인물—옮긴이)가 분석적 모델의 한계에 대해 한 말

1.2

모든 일자리를 소프트 스킬과 EQ를 최우선으로 고려해 채용하라

> 한마디로 채용은 비즈니스의 가장 중요한 측면이지만 여전히 몹시 잘못 이해되고 있다.
>
> 필립 델브스 브러턴, '앞서가기 위한 노력', 〈월스트리트저널〉

실천 사항 2A

상사인 여러분은 솔직히 제대로 자격을 갖춘 '채용 전문가'라고 선언할 수 있는가? 만약 그렇지 않다면 어떤 조치를 취할 것인가? 이는 여러분의 일이자 비즈니스의 가장 중요한 부분이다. 인사과에만 맡길 일이 아니다.

우리가 (채용 과정에서) 사용하는 최종 필터는 좋은 사람만 뽑는 것이다. 기능 평가가 끝나면 '집중 공격(running the gauntlet)'이라고 불리는 절차가 남았다. 15명 또는 20명의 지원자가 상호작용하게 하고 각자 '반대투표'를 하게 하는 것이다. 즉 채용되면 안 되는 사람을 특정하게 한다. 나는 문화에 대한 강한 믿음이 있어서 썩은 사과 하나가 다른 사과들까지 상하게 한다고 믿는다. 정말 재능 있고 인성도 좋은 사람들도 많은데 불쾌하게 행동하는 사람들을 참아낼 필요는 없다.

피터 밀러, 제약회사 옵티노즈 CEO

실천 사항 2B

읽고, 또 읽고 공유하라. 제약 분야에서 그런 말을 들으리라 예상하지는 못했을 것이다. '인성이 좋으면서 정말 재능 있는 인재'에 특히 주의를 기울여라.

실천 사항 2C

인성이 좋은 사람을 채용하라. 모든 일자리에 그런 사람을 뽑아라. 지금 그렇게 하고 있지 않다면 '이유가 무엇인가?'

우리가 사람들에게서 원하는 자질을 이야기할 때 매우 중요한 한 가지는 공감이다. 사람들과 공감할 수 있다면 일을 잘 해낼 수 있다. 공감 능력이 없다면 사람들이 발전하게 도와주기 힘들다. 모든 것이 어려워진다. 공감 능력을 보여주는 한 가지는 예의다. 단순히 공손한 태도가 아니라 다른 사람의 필요를 예상하고 미리 충족해주려는 자세를 말한다.

스튜어트 버터필드, 슬랙테크놀로지 공동 창업자이자 최고 경영자

우리는 따뜻하고 배려하는 사람, 사실상 이타적인 사람을 찾는다. 재미를 추구하는 태도를 지닌 사람을 찾는다.

콜린 바렛, 사우스웨스트항공 명예 회장

잘나가는 선수 대신 인성이 좋다고 생각되는 선수를 선발했더니 강의 실뿐만 아니라 운동장에서, 그리고 졸업 후에도 잘 해내는 경우가 얼마나 많은지 모른다. 유망주들은 빛이 바래고 우리가 선발한 신인들은 지역 및 전국 최우수선수로 성장하는 일이 되풀이됐다.

전설적인 미식축구 코치 보 스켐베클러가 《전설의 리더, 보》에서 인성에 관해 한 말

▶▶ 이직률 1.7퍼센트 vs. 50~77퍼센트

처음으로 간호사로 일하기 시작했을 때는 간호학이 화학, 생물학, 물리학, 해부학과 관련이 있다고 생각했다. 그런데 지금은 철학, 심리학, 예술, 윤리, 정치가 간호학의 실체임을 안다.

크리스티 왓슨, 《돌봄의 언어》

우리는 빠르게 성장하고 있는 의료 인력 부문인 지역사회 보건 요원의 혁신적인 채용 방식을 개발했던 펜실베이니아대학교 IMPaCT 프로그램의 경험을 가져왔다. 우리의 채용 방식은 업계 기준인 연간 이직률 50~77퍼센트를 1.7퍼센트로 낮췄다. 게다가 우리가 고용한 지역사회 보건 요원은 여러 무작위 대조 시험에서 건강과 간호의 질을 개선하는 동시에 입원 일수를 65퍼센트 단축하는 데 도움이 됐음을 보여주었다. 건강을 회복하고 유지하는 데 도움이 되는 것은 무엇일까? 우리는 고위험 환자 수천 명에게 질문해 그들이 직면하고 있는 장벽들을 목록으로 작성했다. 우리는 가능한 해결책을 브레인스토밍한 다음 지

역사회 보건 요원에게 필요한 자질들을 열거했다. 지역사회에 대한 소속감과 이타심 같은 자질이 우리가 희망하는 자질 목록의 상위에 올랐다. 그만큼 중요한 사실은 놀랍게도 대학과 대학원 학위, 심지어 과거의 임상 훈련은 우리의 목록에 없었다는 점이다. …… 이력서, 졸업장, 교육 수료증은 의료 기관에서 지원자들의 평가에 흔히 사용하는 자격증들이다. …… 그들은 성격 특성이나 태도는 거의 살펴보지 않는다.

엘레나 버틀러·슈레야 캉고비, '의료 기관의 채용은 잘못됐다', 〈하버드비즈니스 리뷰〉

실천 사항 2D 이직률이 50~77퍼센트에서 1.7퍼센트로 감소하고, 입원 일수가 65퍼센트 감소했다는 사실을 반복하는 외에 많은 설명이 필요하지 않다고 생각한다. 부디 숙고해보라. 그리고 행동으로 옮겨라. 지금 당장!

▶▶ 쉬운 말로 풀어본 채용 기준

- 좋은 사람
- 공감할 줄 아는 사람
- 예의 바른 사람
- 경청하는 사람
- 따뜻한 사람
- 배려하는 사람

- 이타적인 사람

- 미소 짓는 사람

- "감사합니다"라고 말하는 사람

- 지역사회에 소속감이 있는 사람

- 서비스 정신을 지닌 사람

- 더 나은 사람

- 무례하지 않은 사람

실천 사항 2E 여러분이 속한 조직에서는 이러한 자질이 '형식적이고 요식적인 기준이 아니라 여기에 사용된 정확한 언어로' 모든 직책의 공식적 채용 기준인가? 그렇지 않다면 이유가 무엇인가?

▶▶ 사랑받지 못했던 인문학 전공자에게 애정을 보여라

일반적으로 경영학 및 MBA, 엔지니어, 변호사 등 전문 학위 소지자는 인문대 신규 졸업자보다 졸업 시 면접과 취업 비율 및 초봉이 높다.

그러나 20년 뒤에는 인문대 졸업자들이 경영학 및 전문 학위를 가진 동료들보다 더 높은 직위까지 승진한다. 한 거대 기술 기업에서는 인문대 졸업자의 43퍼센트가 중상위 관리직에 오른 반면, 공대 졸업자는 그 비율이 32퍼센트에 그쳤다. 한 거대 금융사의 기업 평가에 따르면, 최악의 관리자 중 60퍼센트가 MBA 소지자인 데 반해 최상의 관리자 중 60퍼센트는 학사 학위만 갖고 있었다. (헨리 민츠버그의《MBA가 회사를 망친다》에 보고된 마이클 유심의 연구에서 발췌)

다음 책들을 읽어보라.

- 스콧 하틀리,《인문학 이펙트》
- 조지 앤더스,《왜 인문학적 감각인가》
- 크리스티안 마두스베르그,《센스메이킹》
- 데이비드 엡스타인,《늦깎이 천재들의 비밀》

실천 사항 2F 기업의 성격과 상관없이 인문학을 전공한 입사 지원자를 찾아라. 더 많은 연극·영화 전공자들도! 더 많은 철학 전공자들도! 더 많은 역사 전공자들도! 부탁이다.

1.3
훈련을 기업의 자본 투자 1순위로

훈련(*training*),

훈련(*TRAINING*),

그리고 더 많은(*and M-O-R-E*)

훈련(*T-R-A-I-N-I-N-G*).

태평양 사령관이었던 체스터 니미츠 제독과 1943년 해군 작전 사령관이었던 어니스트 킹과의 통신 내용. 니미츠에 따르면, 미 해군은 진주만 공습 당시 한심할 정도로 대비가 돼 있지 않았다고 한다. 해결책은? 훈련이었다. 니미츠는 훈련이 군사 장비보다 중요하다고 했다. (대문자, 구두점, 이탤릭체는 내가 아닌 니미츠가 붙인 것이다.)

훈련이 가장 중요하다고 생각하지 않는다면 육군 장군이나 해군 제독, 공군 장군, 미식축구 코치, 양궁 코치, 소방서장, 경찰서장, 연극 감독, 조종사, 응급실이나 중환자실 센터장, 원자력 발전소 운영 책임자, 뛰어난 식당 경영자에게 물어보라. 훈련은 자본 지출(capital expense)이며 기업의 투자 1순위가 돼야 한다.

우리 대부분이 종사하는 비즈니스에서 '소방관과 같은' 정기적인 훈련, 성장, 발전이 드물다는 사실이 나는 여전히 놀랍다. 가끔 강좌와 회의가 있지만, 직장에서는 늘 훈련에 우선순위를 두지는 않는다.

분명히 해두자. 이것은 큰 회사뿐만 아니라 각 직원이 중심적 역할을 하는 1인 또는 6인 회사에서도 마찬가지다.

> 기본적으로 나는 경기 코치라기보다 연습 코치에 가까웠다. 연습을 많이 하는 선수가 경기를 잘한다는 확신 때문이었다.
>
> 존 우든, 《그들은 날 코치라 부른다(They Call Me Coach)》

> 누구에게나 이기려는 의지가 있다. 훨씬 더 중요한 것은 승리할 수 있게 훈련하겠다는 의지를 갖는 것이다.
>
> 밥 나이트, 《나이트, 나의 이야기(Knight, My Story)》

> 나무를 벨 시간이 여섯 시간 주어진다면 네 시간 동안 도끼부터 갈 것이다.
>
> 에이브러햄 링컨

나는 거의 같은 주제로 셀 수 없이 많은 강연을 했다. 그렇지만

45분짜리 다음 강연을 준비하는 데 약 30시간이 걸린다. 준비는 나의 생업이다. 나머지는 사소한 세부 사항들일 뿐이다.

▶▶ 훈련에 관한 질문들

여러분의 회사에서는 최고 훈련 책임자(Chief Training Officer, CTO)가 최고 경영자나 최고 운영 책임자를 제외하고 가장 높은 급여를 받는 최고위직인가? 아니라면 그 이유는 무엇인가? 물론 최고 훈련 책임자라는 직위도 없으리라는 것을 알고 있다. 여러분 회사의 CTO는 최고 기술 책임자일 것이다. 맞는가? 부끄러운 일이다. 그리고 어리석은 일이다.

여러분 회사의 최고 훈련 책임자는 최고 마케팅 책임자나 최고 기술 책임자만큼의 보수와 대우를 받는가? 아니라면 그 이유는 무엇인가?

여러분 회사의 훈련 과정이 너무 좋고 탁월해서 흥분되는가? 아니라면 그 이유는 무엇인가?

복도에서 아무 직원이나 붙들고 물어보면 향후 12개월 동안의 교육 및 발전 계획을 자세히 설명할 수 있는가? 아니라면 그 이유는 무엇인가?

▶▶ 나를 낙담시키는 4가지

- CEO 10명 중 5명 이상은 교육을 투자라기보다 비용으로 본다.
- CEO 10명 중 5명 이상은 교육을 공격이라기보다 방어로 본다.
- CEO 10명 중 5명 이상은 교육을 전략적 기회라기보다 필요악으로 본다.
- CEO 10명 중 8명 이상은 45분간 자기 회사를 간략히 설명할 때 훈련에 대해서는 언급하지 않을 것이다.

이 4가지가 모두 맞을 가능성이 크며, 이는 총괄 리더의 어리석음을 나타낸다.

실천 사항 3A

나는 인공지능 시대에 차별화를 추구하고 있는 지금이 그 어느 때보다 훈련이 자본 투자 1순위가 돼야 한다고 분명히 말했다. 부디 그 점을 곱씹고 또 곱씹도록 하라. 이에 동의하는가? 만약 아니라면 왜 아닌가?

실천 사항 3B

훈련에 대한 접근 방식과 투자에 대해 자세히 검토하라. 각 훈련 과정의 수준을 철저히 평가하라. 훈련 담당자의 자질을 평가하라. 모든 직원의 훈련 수준을 평가하라. 이것은 '전략적'

문제 1순위이므로 성급하게 굴지 말고 노력해야 한다. (외부인의 도움이 필요할 수도 있다.)

▶▶ 훈련과 학습 문화

내가 제안하는 훈련은 프로그램 활동보다 훨씬 큰 규모를 말한다. 반복해서 이야기하겠지만 자본 투자 1순위로서의 훈련은 존재의 방식, 주요한 문화적 속성이다. 세 번째 주제인 인간 중심 경영에서는 직원 참여의 극대화와 성장에 전념하는 환경을 설명하고 있다. 그리고 직원의 성장을 가장 촉진해주는 것은 "훈련, 훈련, 그리고 더 많은 훈련"이다.

실천 사항 3C 훈련과 개발을 여러분이 몸담고 있는 조직의 가장 주요한 문화적 속성이라고 설명하겠는가? 그리고 그래야 한다는 데 동의하는가? 폭넓게 기탄없이 논의하도록 하라. (적절하다면 자신에게 신랄해져라.)

▶▶ 리처드 브랜슨의 조언

이직할 수 있을 만큼 직원을 잘 훈련하고, 이직하고 싶지 않을 만큼 잘 대우해주도록 하라.

리처드 브랜슨의 트위터

▶▶ 확인 질문

질문: 우리 동네 스바루자동차 딜러, 좌석이 25개인 식당, 직원이 9명인 가전제품 수리업체, 샌프란시스코 교향악단, 샌프란시스코 포티나이너스에 필요한 훈련에는 어떤 차이가 있는가?

답변: 차이가 없다.

이해했는가?

1.4
일선 리더들은 기업의 제1 강점이다

> 위대한 군대에서 장군의 임무는 병장들을 지원하는 것이다.
>
> **로버트 카플란, '칸이 될 남자'에서 톰 빌헬름 대령의 말, 〈디 애틀랜틱〉**

연대장이 소위, 중위, 대위, 소령 대부분을 잃는다면 비극일 것이다. 만약 병장들을 잃는다면 재앙이 될 것이다. 그리고 육군과 해군은 전장에서의 승리가 병장들과 상사들, 즉 최일선 관리자들에 좌우된다는 사실을 잘 알고 있다.

산업계도 군대와 같은 인식을 하고 있을까? 내 대답은 "아니요!"다.

기업들은 일선 수장 자리를 적임자로 충원하는 것이 중요하다고 생각할까? 물론이다.

그러나 일선 리더 모두가 기업의 제1 강점이라고 볼까? 아니다!

'이 사실'을 이해하지 못하는 것은 첫 번째 전략적 실수다. 아래를 참조하라.

▶▶ 일선 리더들

일선 리더들은

- 기업 생산성의 주요 결정 요인이다.
- 인재 유지의 주요 결정 요인이다.
- 제품 및 서비스 품질의 주요 결정 요인이다.
- 기업 문화의 주요 전달자이자 구현자다.
- 가시적인 탁월함의 주요 기수다.
- 지속적 인재 개발의 주요 옹호자이자 조력자다.
- 여러 부서 간 탁월한 협업의 주요 동인이다.
- 기업의 제1 강점이다.

인상적이지 않은가? 그런데 과장된 말이 결코 아니다. 나는 그저 일선 리더들은 기업의 제1 강점이라는 마지막 말을 되새겨 보기를 부탁한다. 위의 주장을 수용한다면 결론은 명백하다. 일선 리더들은 거의 모든 중요한 것을 결정짓는 주요 인물이다. 따라서 자동으로 기업의 제1 강점이 된다.

▶▶ 리더에 관한 7가지 핵심 질문

- 여러분은 일선 리더들이 조직의 핵심 수뇌부 역할을 하고 있다는 사실을 완전히 이해하고 그에 따라 행동하는가?
- 인사 전문가는 (그리고 최고 경영진 전체는) 일선 리더들이 개별적으로 그리고 집단으로 어떤 발전에 특별히 관심을 두는지 알고 있는가?
- 여러분은 일선 관리자들을 선정하는 데 아주 많은 시간을 들이고 있는가?
- 여러분은 골치 아프더라도 뛰어난 사람을 찾을 때까지 일선 관리자 자리를 비워둘 용의가 있는가?
- 일선 관리자들을 위한 업계 최고의 교육 및 지속적인 개발 프로그램이 있는가?
- 일선 관리자들에게 공식적이고 철저하며 지속적인 멘토링을 해주고 있는가?
- 일선 관리자들은 직위에 걸맞은 관심과 인정과 존중을 받고 있는가?

실천 사항 4A 위의 7가지 질문을 신중히 분석하라. 각 질문에 대한 여러분의 답변은 무엇인가?

다음 일선 관리자 자리를 채우기 전에 이 부분을 주의 깊게 다시 읽도록 하라.

▶▶ 일선 리더들이 핵심이다

전 세계적으로 거의 예외 없이 직원의 약 50~75퍼센트는 업무에 '몰두하지 않는다'. 가장 큰 원인은 나쁜 상사다. 일선 책임자들에 대한 심층 평가를 즉시 시작하라. 어떤 전략적 조치도 일선 책임자들에 대한 자료를 업그레이드하는 것보다 중요할 수는 없다.

'일선 리더들의 엑설런스 프로그램'을 정식으로 시작하는 것을 고려해보라. 그것을 전략적 최우선 순위로 삼아라. 지금 당장.

1.5
여성이 리드하게 하라

하고 싶은 말이 있으면 남성에게 요청하고, 해야 할 일이 있으면 여성에게 요청하라.

마거릿 대처, 전국타운스우먼조합 총회 연설

▶▶ **수많은 증거가 여성이 최고의 리더라고 한다**

(맥킨지사의) 연구는 기업이 성공하려면 먼저 여성들부터 승진시키라고 제안한다.

니컬러스 크리스토프, '트위터, 여성, 그리고 권력', 〈뉴욕타임스〉

맥킨지사는 이사회에 여성을 더 많이 앉힌 세계적 기업들이 자기 자본 이익률(return on equity) 및 다른 척도에서 평균 기업들을 훨씬 능가한다는 사실을 발견했다.

영업이익은 56퍼센트 더 높았다.

니컬러스 크리스토프, '트위터, 여성, 그리고 권력', 〈뉴욕타임스〉

리더로서 여성이 우위에 있다. 새로운 연구에 따르면, 거의 모든 면에서 여성 경영자들이 남성 경영자들보다 뛰어나다고 한다.

〈블룸버그비즈니스위크〉 특별 코너 제목

여성은 뛰어난 리더십을 구성하는 16개 역량 중 12개에서 더 높은 평가를 받았다. 그리고 여성이 가장 큰 차로 남성보다 앞섰던 두 가지 역량은 오랫동안 특히 남성의 강점으로 생각돼왔던 주도권 잡기와 성과를 내기 위한 추진력이었다.

잭 젠거·조지프 포크먼, '여성은 남성보다 뛰어난 리더인가?', 〈하버드비즈니스리뷰〉

이 섹션을 통해 여러분은 '여성이 더 나은 리더임'을 확인할 수 있을 것이다. 물론 '평균적으로' 그렇다는 뜻이다. 훌륭한 남성 리더도 있고 형편없는 여성 리더도 있다. 하지만 평균적으로 (그리고 상당한 정도로!) 여성은 다방면에서 더 뛰어나다.

내 경험으로는 여성이 남성보다 훨씬 뛰어난 임원이 된다.

킵 틴델, 컨테이너스토어 CEO, 《언컨테이너블(Uncontainable)》

이 인용문 몇 개로 결론은 나 있다고 암시하려는 것도(거의 그렇다고 생각하기는 하지만), 남성 리더들을 혹평하려는 것도 아니다.

여성이 리더십팀의 상당수(확실히 40퍼센트 이상)를 차지하지 않는다면 여러분의 조직은 최대의 전략적 실수를 범하고 있다고 분명하게 주장하려는 것이다.

▶▶ 아직 갈 길이 멀다

> 이름이 존인 남성보다 여성이 경영자인 대기업이 더 적다.
>
> **저스틴 울퍼스, '이름이 존인 남성보다 여성이 경영자인 대기업이 더 적다', 〈뉴욕 타임스〉**

인사 컨설팅 회사인 로런스패프앤드어소시에이트는 관리자 2,482명을 대상으로 한 360도 피드백 연구에서 다음과 같은 사실을 발견했다.

> 5년에 걸친 연구는 남성과 여성 관리자들의 리더십 기술 실행에 유의미한 차이가 있음을 보여준다. 이 연구에는 459개 기관의 관리자 2,482명(남성 1,727명, 여성 755명)이 포함됐다. 여기에는 모든 직급의 관리자가 포함됐다.
>
> 직원들은 평가에 포함된 20개 리더십 기술 영역 중 17개 영역에서 여성 관리자를 남성 관리자보다 높게 평가했으며, 그중 15개 영역은 통

계적으로 유의미한 차이가 있었다. 나머지 3개 영역에서는 남녀가 비슷했다. 상사들은 20개 리더십 기술 영역 중 16개 영역에서 여성 관리자들을 남성 관리자들보다 높이 평가했으며, 16개 영역 모두 통계적으로 유의미한 수준이었다.

"처음 두 연구는 여성이 의사소통, 권한 부여, 긍정성 등 이른바 소프트 스킬에서만 더 뛰어나다는 통념에 이의를 제기했다"라고 패프는 말했다. 5년간의 데이터를 사용한 이번 연구 역시 통념이 틀렸음을 보여준다.

"이 데이터의 통계적 유의성은 인상적이다"라고 패프는 이야기한다. 5년에 걸쳐 2,400명 이상을 대상으로 데이터를 수집하는 동안 평균적으로 남성은 측정된 어느 영역에서든 어떤 평가자들로부터도 유의미하게 높은 평가를 받지 못했다.

실천 사항 5A

이 주제는 1996년부터 나의 가장 큰 관심사였다. 내 교육업체의 사장인 헤더 셰이가 나를 위해 대기업, 스타트업, 교육 및 기타 분야의 놀라운 여성 리더들과의 회의를 주선해주고 이 주제에 눈을 뜨게 해준 것이 계기가 됐다. 위에 보고된 연구는 빙산의 일각에 지나지 않는다. 여성 리더십의 효율성과 남성과 견주었을 때의 상대적 효율성에 관한 축적된 증거들은 '압도적'이라는 표현을 사용할 만하다. 따라서 여기서 내가 해야 할 일은 임원급의 남녀 성비가 어느 정도 균형이 맞지 않는다면 비즈니스 효율성 전략에서 큰 실수를 저지르고 있는 게 분명하다고 말해주는 것이다.

그런데 내 주장은 '사회적 정의'가 아니라 조직의 효율성에 관한 것이다. 사회적 정의가 대단히 중요하다고 생각하고 그에 따라 개인 생활과 일을 하려고 노력해오긴 했지만, 그것이 여기서 철저히 살펴보려는 주요 주제는 아니다.

▶▶ 협상에서 여성의 강점

- 상대방의 입장에 서서 생각할 수 있는 능력
- 포괄적이고 세심하고 상세한 커뮤니케이션 스타일
- 신뢰 구축을 촉진하는 공감력
- 호기심을 갖고 능동적으로 경청
- 덜 경쟁적인 태도
- 공정성에 대한 강한 의식과 설득력
- 선제적 리스크 관리
- 공동 의사 결정

호라시오 팔카오, '여성처럼 말하라: 21세기 협상가에게 여성의 특성이 필요한 이유', 〈월드비즈니스〉

▶▶ 여성은 뛰어난 사업주다

> 여성이 소유한 기업의 성장과 성공은 요즘 비즈니스 세계에서 일어나고 있는 가장 심오한 변화 중 하나다.
>
> 마거릿 헤퍼넌, 《여성의 방식(How She Does It)》

헤퍼넌의 관련 데이터들은 다음과 같다.

- 여성이 소유하거나 지배하는 미국 기업은 1,040만 개다(전체 기업의 40퍼센트).
- 여성이 소유한 기업에 근무하는 미국 직원의 수는 〈포천〉지 선정 500대 기업의 총 직원 수를 초과한다.
- 전체 기업 대비 여성 소유 기업의 성장률은 2배가 높다.
- 여성 소유 기업의 일자리 창출은 전체 기업 대비 2배가 높다.
- 여성 소유 기업의 잔존 가능성은 전체 기업 대비 1.0배 이상이다.
- 매출 100만 달러 이상, 직원 수 100명 이상인 여성 소유 기업의 성장률은 전체 기업 대비 2배가 높다.

▶▶ 여성의 뛰어난 투자 기술

- 남성보다 거래를 자주 하지 않는다.

- 과도한 자신감을 덜 보인다. 자신이 모른다는 것을 알 가능성이 크다.
- 남성 투자자보다 위험을 피한다.
- 남성 투자자보다 덜 낙관적이고 더 현실적이다.
- 투자 가능성을 조사하는 데 더 많은 시간과 노력을 들이고 세부 사항과 다른 견해를 고려한다.
- 동료의 압력에 영향을 덜 받고 누가 보고 있든 상관없이 동일한 방식으로 의사 결정을 내리는 경향이 있다.
- 실수에서 배운다.

  루앤 로프턴,《위렌 버핏은 왜 여자처럼 투자할까?》

여성들이 재무에 관여할 때 남성들보다 잘한다. 남성들은 단기 성과에 집중하는 반면 여성들은 더 긴 장기적 안목으로 보기 때문이다.

자산 1조 7,000억 달러를 운용하는 피델리티인베스트먼트의 캐시 머피 사장이 한 말, 〈더 스트리트〉에서 인용

▶▶ **새로운 경제의 요구에 더 적합한 여성의 강점**

여성: (근로자의) 서열을 따지기보다 그들과 유대를 맺고, 대화식-협력적 리더십 스타일을 선호하며(권한 위임이 상명 하달식 의사 결정보다 낫다), 편안하게 정보를 공유하고, 권력의 재분배를 굴복이 아니라 승리로 보며, 모호함을 쉽게 받아들이고, 합리성과 함께 직관을 존중

하며, 본질적으로 유연하고 문화적 다양성을 높이 평가한다.

힐러리 오언의 《교실에서 리더 만들기(Creating Leaders in the Classroom)》에서 요약한 주디 로제너의 말

여성의 리더십 기술에 대한 전반적으로 긍정적인 평가는 조직 구조와 네트워크 구조의 변화를 고려해볼 때 훨씬 더 뚜렷해질 것이다. 전통적인 엄격한 위계가 더 이상 보편적이지 않은 모호한 환경에서 지금까지 입증된 여성의 상대적 강점은 그 어느 때보다도 중요하다.

실천 사항 5B

- 여성은 더 나은 리더다.
- 여성은 더 나은 협상가다.
- 여성은 더 나은 사업주다.
- 여성은 더 나은 투자자다.
- 여성은 새로운 경제의 요구에 더 적합하다.

—— 신중히 고려하라. 그에 따라 행동하라. 즉시 시작하라.

▶▶ 코로나19 시대 여성의 리더십

코로나19의 급속한 확산에 대응을 가장 잘한 국가들은 모두 여성이 국가수반이라는 사실은 널리 보도되고 논평거리가 돼

왔다. 표본의 크기는 작지만 나는 이 결과가 의미 없지 않다고 생각하는 사람 중 하나다. (나는 트위터를 통해 남자가 병원의 CEO가 돼서는 안 된다고 주장하기까지 했다. 말 그대로는 아닐지라도 방향성에 있어서는 사실 나는 매우 진지했다.)

공감 능력이 매우 뛰어난 남성과 공감 능력이 결핍된 여성도 있지만, 일반적으로 여성은 공감력과 다른 '소프트한(사실은 매우 '강한')' 특성을 더 많이 보여주는 경향이 있다.

그러므로 코로나19와 인종 불평등 문제와 관련해 적어도 고위 지도자 직위에서는 여성과 남성이 50 대 50 균형을 이뤄야 한다는 내 주장은 크게 강화됐다.

1.6
커뮤니티에 대한 책임을 준수하고
지역사회 참여를 극대화하라

'커뮤니티'는 경이로운 단어다. 내게 가장 와닿는 사전적 정의에는 '서로를 보살피다'라는 말이 들어 있다. 따라서 커뮤니티는 사실 다른 무엇보다 '배려'를 떠올리게 하는 단어다.

커뮤니티를 생각하고 비즈니스에 대해 스프레드시트를 훨씬 넘어서는 관점을 갖도록 하라. 물론 일을 훌륭히 해내야겠지만 모든 구성원의 번영에 이바지하는 공동의 일을 훌륭히 해내도록 하라. 더욱이 조직은 조직과 그 직원들이 속한 지역사회와 고객과 공급업체 커뮤니티 안에 포함된 커뮤니티다. 책임과 배려와 염려를 표현해주어야만 한다.

코로나19와 흐트러진 사회적·정치적 구조에 직면하면서 이 모든 것의 필요성이 10배(또는 100배) 증가했다. 간단히 말해 오늘날 주목할 만한 리더는 내부 및 외부 커뮤니티에 대한 배려심의 육성을 일상적이고 전략적인 어젠다의 상위에 두는 사람들일 것이다.

흥미롭게도 최고 중의 최고는 오랫동안 이런 사실을 알고 있었다. 훌륭한 저서 《스몰 자이언츠가 온다》에서 보 벌링엄은 강소기업(small giant)의 성공을 떠받치는 4가지 지주를 제시하면서 첫 번째 지주를 다음과 같이 설명한다.

> 각 회사는 사업을 하고 있는 도시, 마을, 카운티와 매우 밀접한 관계를 맺고 있었는데, 이는 '환원'이라는 일반적인 개념을 훨씬 뛰어넘는 관계였다.

우리 중 대다수는 직원 수가 한 명부터 수십만 명에 이르는 사업체에서 일하며 살아간다. 앞서 언급했던 대로 그 사업체들은 모두 지역사회 안에 포함돼 있다. 그러므로 명확히 생각한다면 사업체는 지역사회의 '일부분'이 아니다. 사업체가 곧 지역사회다. 그러므로 정의상 기업은 환경 보존 및 보건과 관련된 결정에서부터 교사나 학교 시스템 지원에 이르기까지 지역사회에 대한 직접적·간접적 책임을 지니고 있다. 그리고 다시말하건대 내가 이 글을 쓰는 순간만큼 그러한 책임이 명백했던 적이 없다.

내가 실질적으로 요구하는 것은 지역사회 참여의 극대화에 대한 기업의 상시적이고 매우 가시적인 노력이다. 지역사회 참여의 극대화 없이는 결코 엑설런스도 달성할 수 없다.

그렇다면 어떻게 기업의 전략과 일상적인 운영 활동이 지역사회의 발전에 직접적으로 기여할 수 있을까? 다음 사항들을 고려해보라.

- 회사의 경영진이 지역사회 참여를 극대화하기 위해 노력하겠다고 공식 선언한다.
- 지역사회를 위한 회사의 노력을 가시화하고 내부 커뮤니티 참여 활동을 간접적으로 감독하는 임무를 맡은 외부인과 내부인으로 구성된 자문 위원회를 설치한다.
- 직원, 시설, 제품, 서비스를 제공하는 고객, 이용 중인 공급업체, 영향을 받는 커뮤니티를 포함해 지역사회에 끼치는 영향에 대한 공식적인 분석 없이는 어떤 결정도 내리지 않는다. 크고 작은 모든 결정을 내릴 때 지역사회 개발 및 지역사회와의 파트너십을 명시적으로 고려한다는 뜻이다.
- 리더들의 실적 평가에 항상 지역사회 참여 항목을 추가해 넣는다.

실천 사항 6 커뮤니티의 탁월함 없이 기업의 탁월함은 없다. 이 점을 깊이 생각해보라. 여러분은 내 기본 가설을 수용하는가? 만약 아니라면 이유가 무엇인가? 그리고 만약 이를 수용한다면 최대한 빨리 커뮤니티 참여를 극대화하기 위해 어떤 구체적인 조치를 취하겠는가?

1.7
모든 결정에 보편적 포용성을 보여라

흑인의 목숨도 소중하다는 게시글에 감사한다. 이제 후속으로 고위 경영진과 이사회의 사진을 올리도록 하라.

브릭슨 다이아몬드, 다양성 컨설팅 회사 빅앤서스 CEO

우리 회사에 이사급 이상의 흑인 직원이 단 한 명도 없다는 사실에 부끄러움을 느끼고 있습니다.

앤 워치츠키, 23앤드미 CEO, 회사 선언문 중에서

러셀 3000(프랭크러셀사가 산정해 발표하는 미국 3,000개 대기업의 주가지수 – 옮긴이):

2019년–흑인 이사 4.1퍼센트(흑인 인구는 13.4퍼센트)

2008년–흑인 이사 3.6퍼센트

다음은 오퍼스유나이티드의 CEO 오마 존슨(대기업의 마케팅 책임자로 일했던 오마 존슨은 자신의 회사인 오퍼스유나이티드를 설립한 뒤 인종 평등과 여론조사와 선거 참여를 통해 청년 세대의 권리 확보를 독려하는 운동을 펼치고 있다 – 옮긴이)이 〈뉴욕타임스〉에 전면으로 실은 성명서다.

친애하는 미국의 백인 기업인들께

알고 있다. 여러분은 최선의 의도를 가지고 있다는 것을. 하지만 지금에야 질문한다는 것이 문제의 하나다. …… 여러분은 옳은 일을 하고 싶어 한다. 하지만 방법을 모를 뿐이다.

우선 경청하라. 흑인 직원들의 말을 들어보라. 그들은 수년간 경종을 울려왔다. 하지만 거기서 그치지 마라. 있는 그대로의 명백한 데이터를 조사하라. 당신 회사의 어디에 흑인들이 있는지, 더 중요하게는 어디에는 없는지 알아보라. 회의에 참석한 몇 안 되는 흑인의 수를 세어 보라. 의사 결정이 내려지는 대화에서 소리를 못 내는 흑인의 목소리를 의식하라. 그렇게 한다면 문제를 분명히 알게 될 것이다.

각자 무엇을 할 수 있을까?

회사 내부에 흑인을 더 많이 고용해야 한다.

그것은 이 등식의 한 변인 '파이프라인' 문제를 완전히 해결하는 것을 의미한다. 그러므로 흑인 인재를 모집, 유치, 개발, 육성하는 노력을 배가하라. 흑인 아이들과 그들의 미래를 위해 싸우는 교육기관을 후원하라.

그것은 이 등식의 다른 한 변인 흑인 인재들의 승진을 돕고 흑인 리더들에게 권한과 권위를 넘겨주는 것을 의미한다. 인재의 유지와 승진은 모집과 채용만큼 중요하다.

이러한 측면에서 조직의 현재 위치를 분석하라. 원하는 위치를 목표로 설정하라. 그 목표를 달성하기 위해 인센티브를 제공하라. 가차 없이, 끈질기게 그것들을 측정하라.

**실천 사항
7A** 이사벨 윌커슨의 《카스트(Caste)》를 읽어라. 지금 당장.

▶▶ 지금 당장 행동하라

- 불평등 및 포용성은 전략적 문제가 아니다.
- 불평등 및 포용성은 모든 충원, 모든 채용, 모든 승진, 모든 평가 결정에 반영되는 전술이다.

- 불평등 및 포용성은 내일의 문제가 아니다.
- 불평등 및 포용성은 오늘의 문제가 아니다.
- 불평등 및 포용성은 지금, 이 순간의 문제로 15분 뒤에 시작되는 다음 회의의 실제 또는 가상 테이블을 둘러보는 것이다.

- 불평등 및 포용성은 리더십의 문제가 아니다.

- 불평등 및 포용성은 학생이 되어 개별적으로 그리고 집단적으로 인식하거나, 관찰하거나, 알지 못하는 것을 읽고, 보고, 말하고, 알아가며 한 번에 한 단계씩 학습곡선을 올라가야 할 문제다.

실천 사항 7B 여러분에게는 두 눈이 있다. 두 눈을 떠라. 포용성에 대해 생각해보라. 이제 주위를 둘러보라. 눈에 보이는 것들이 포용성 테스트를 통과할 수 있을까? 그 답을 모르겠는가? 오늘 구술 자료나 시각 자료, 인쇄물로 포용성에 대해 공부하기 시작하라.

1.8
경영은 인간 성취의 정점이다

자주 골칫거리로 여겨지는 경영: 누군가는 그 일을 해야 한다. 상급자들의 샌드백 노릇을 해야 하고, 다른 한편에는 투덜거리는 직원들이 있다. 일이 잘못되면 욕받이가 되고 일이 잘되면 사장에게 공이 돌아간다.

가능하며 필요한 경영: 인간 성취의 정점이며, 잡을 수 있는 삶의 가장 큰 기회다. 팀원들이 개인으로, 그리고 부단한 엑설런스 추구에 전념하는 활기차고 자기 혁신적인 조직에 공헌하는 구성원으로 성장하고 번창할 수 있도록 도와주려는 노력 및 효율성과 함수관계에 있는 중장기적 성공이다.

'인간 성취의 정점'이라는 표현이 과장되게, 심지어 터무니없게 들릴 수도 있다. 그러나 그것은 나의 굳건한 믿음이다. 요즘처럼 불확실한 시기에는 특히 다른 사람의 성장을 돕는 것보다 더 중요한 일이 뭐가 있겠는가? 또한 그것은 이 책에서 계속 이야기하는 성장과 수익성을 창출하는 가장 확실한 방법인 것으로 밝혀졌다.

실천 사항 8 경영은 인간 성취의 정점이라는 말에 대해 자세히 논의해보라. 너무 거창한가? 그렇다면 대안인 관점은 무엇인가? 리더 역할의 정점은 무엇이라고 생각하는가? "리더는 100퍼센트 사람을 다루는 일을 한다"는 정확한 말인가? 일반적으로 그러한가? 여러분 개인적으로도 그러한가? 오늘 여러분의 업무는 이를 반영하고 있는가? 이번 주 업무는 어떤가?

▶▶ 최우선으로 해야 할 일들

아래의 '최우선으로 해야 할 일들'을 받아들이고 적극적으로 실행한다면 나는 기뻐서 어쩔 줄 모를 것이며, 여러분은 엑설런스를 향해 여러 걸음을 내딛게 될 것이다.

- 하드한 요소(수치, 계획, 조직도)는 약하고 소프트한 요소(사람, 관계, 문화)는 강하다.
- 모든 일자리를 소프트 스킬과 EQ를 최우선으로 고려해 채용하라.

- 훈련을 기업의 자본 투자 1순위로 생각하라.

- 일선 리더들은 기업의 제1 강점이다.

- 여성이 리드하게 하라.

- 커뮤니티에 대한 책임을 준수하고 지역사회 참여를 극대화
  하라.

- 모든 행동, 모든 결정에 보편적 포용성을 보여라.

- 경영은 인간 성취의 정점이다.

**성장과 수익성을 창출하고자 한다면
지금 당장 행동하라**

엑설런스는
다음 5분이 관건이다

2.9
다음 5분이 중요하다

> 우리는 그날을 기억하는 것이 아니라 그 순간을 기억한다.

체사레 파베세, 시인

- 엑설런스는 '포부'가 아니다. 엑설런스는 '올라가야 할 언덕'이 아니다. 엑설런스는 다음 5분이 관건이다. **아니면 결코 이룰 수 없다.**

- 엑설런스는 실제 또는 가상의 '복도'에서 나누는 다음 5분간의 대화에 있다. **아니면 엑설런스는 없다.**

- 엑설런스는 다음 이메일이나 다음 문자메시지에 있다. (너무나 사실이다!!! 리더의 최근 이메일 10개를 내게 보내준다면 그 사람의 성격과 효율성을 정확히 평가해주겠다.) **아니면 엑설런스는 없다.**

- 엑설런스는 다음 회의의 처음 3분에 있다. **아니면 엑설런스**

는 없다.

- 엑설런스는 입을 닫고 듣는 것이다. 진정으로 귀를 기울여 '적극적으로' 경청하는 것이다. **아니면 엑설런스는 없다.**

- 엑설런스는 우수 고객의 어머니가 중대한 수술을 받을 병원으로 꽃을 보내는 것이다. **아니면 엑설런스는 없다.**

- 엑설런스는 '사소한 일'에 "감사합니다"라고 인사하는 것이다. **아니면 엑설런스는 없다.**

- 엑설런스는 초고속으로 정지 상태를 풀고 '사소한' 실수에 대응하는 것이다. **아니면 엑설런스는 없다.**

- 엑설런스는 우울하게 비가 오는 날 직장에 꽃을 들고 오는 것이다. **아니면 엑설런스는 없다.**

- 엑설런스는 팀원 14명 모두의 자녀들 이름과 학년을 알아 두는 것이다. **아니면 엑설런스는 없다.**

- 엑설런스는 재무 (또는 정보시스템이나 구매) 부서 직원들의 사고방식을 애써 배우는 것이다. **아니면 엑설런스는 없다.**

- 엑설런스는 3분간의 프레젠테이션을 위해 아주 '과하게' 준비하는 것이다. **아니면 엑설런스는 없다.**

엑설런스, 즉 탁월함이란 무엇인가? 아마 100명이면 100가지 다른 생각을 할 것이다. 당연하다. 하지만 이것은 내가 쓰는 책이니 내게 가장 의미 있는 엑설런스의 정의와 접근 방식을 알리고 싶다.《초우량 기업의 조건》에서는 장기적 성과 측면에서 엑설런스를 정의했다. 그렇다면 장기적으로 최고의 효율성을 어떻게 달성할 수 있는지 질문할 것이다. 나는 뛰어난 장기적 결과의 핵심과 기반은 사실 회의를 마친 직후에 복도에서 했던 5분간의 실제 대화 또는 영상이나 전화 대화, 막 전송 버튼을 누르려고 하는 7줄의 이메일에 있다고 강력하게, 열정적으로 주장하려 한다.

▶▶ <u>결론</u>

- 복도를 지나치며 했던 그 5분간의 대화에 '사려 깊음'을 내비쳤는가?
- 리더인 여러분은 마지막으로 나눈 대화에서 이야기를 들은 시간이 80퍼센트였는가? (그랬다면 정말로 80퍼센트였다고 확신하는가?)
- 그때 100퍼센트 주의 깊게 경청했는가? (나중에 인용할 저자 수잔 스코트의 말처럼 '열심히' 경청했는가?)
- 말투는 긍정적이었는가? (연구 결과, 긍정적인 행동은 부정적 기미가 있는 행동이나 지적보다 30배나 효과가 있었다.)

추가하자면 그 짧은 대화가 서둘러 끝났고, 산만하고, 감정적으로 공허했는가, 아닌가? 아니면 엑설런스의 모범 사례로 직원이 대망을 품고 열심히 일하게 함으로써 장기적으로는 혁신, 독보적 품질, 획기적 디자인, 지역사회 참여, 실리적 결과 등 우수한 성과를 낳게 했는가? 이메일도 마찬가지다.

- 오자는 없는가? 그렇다면 어떻게 엑설런스의 실행을 가르치고, 모범을 보이겠는가?
- 이메일을 "안녕하세요, 카이", "안녕하세요, 애나" 같은 인사로 시작해 개인적 느낌과 예의를 전하고 있는가, 아니면 인간미가 없을 정도로 무뚝뚝하게 바로 본론으로 들어가는가?
- 요청 사항과 함께 "미리 감사드립니다"와 같은 인사를 포함하고 있는가?
- 단어와 말투는 기업 문화와 일치하는가?

여러분은 지나치다고 말할 것이다. 나는 다시 생각해보라고 말하겠다. 엑설런스인가, 아닌가?

이것은 내 책이므로 모든 순간의 활동을 탁월하게 만들자는 운동에 동참해주기를 간청한다. 그리고 나의 일화적 증거가 암시하듯이 일반적으로 다음 5분의 엑설런스가 최상이다. 내가 늘 100퍼센트 엑설런스에 도달했다고 말하는 것은 아니지만 내게는 분명 그랬다.

엑설런스를 위해 시간을 들여라. 그냥 지나치지 마라. 여러분에게는 엑설런스가 정확히 무엇을 의미하는가? (실제 예를 사용하라.) 여러분의 동료들에게는 엑설런스가 무엇을 의미하는가? (이에 대한 합의에 도달하기 위해 노력해주기 바란다.)

그리고 다음 5분부터 엑설런스를 추구하라는 내 주장을 받아들인다면 심호흡을 연습하라. (나는 명상가가 아니므로 한 가지 견해를 강요하는 것은 아니다.) 심호흡을 연습하라고 한 것은 잠시 멈춰서 생각해보라는 뜻이다.

곧 들어갈 회의 또는 줌 회의에서 치열한 경청에 집중하라. 말을 끊지 마라. 절대로. 그리고 조금이라도 '한계를 넘어서려는' 노력이 보고된다면 분명하게 긍정적으로 반응하라. 긍정적 반응은 부정적 반응보다 적어도 5 대 1로 많이 하도록 하라.

'전송' 버튼을 누르기 전에 메일의 품격을 살펴보라. (그 짧은 이메일은 내가 어떤 사람인지를 반영하고 있다. 살펴보니 마음에 드는가?) 또 복도를 걸어가는 동안 누군가를 대면한다면 어김없이 눈을 맞추도록 하라.

그리고……

그리고……

(엑설런스인가, 아닌가?)

2.10
인류의 향상을 위한 비즈니스

> 기업은 인간의 복지를 증진하기 위해 존재한다.
>
> 미하이 칙센트미하이, 《몰입의 경영》

> 기업은 수백만 달러의 축적이 아니라 행복을 만들어내기 위해 시작
> 됐다.
>
> B. C. 포브스, 1917년 9월 〈포브스〉 창간호

'인간의 복지 향상'은 고상하고 대단히 추상적인 아이디어처럼 들린다. 하지만 우리 앞에 놓인 변화를 고려할 때 기업은 미하이 칙센트미하이의 도전에 부응하는 것을 목표로 해야 한다.

잠시 짚고 넘어가자. 내 생각에 여기 있는 아이디어들은 오늘날 생존을 위한 아이디어다. 선택 사항이 아니다. 한마디 덧붙이자면, 이 지면에서 제안하는 아이디어들은 만족스러운 삶

의 방식이며, 자부심을 가질 수 있는 방식, 지역사회에 공헌하는 길이기도 하다. 물론 수입이 지출을 초과해야 한다. 그러나 인생은 생산하고 손익계산을 따지는 것이 전부가 아니다. 내가 식료품점을 소유하고 있다고 가정해보자. 일반적으로 힘든 사업인 데다 코로나19와 아마존 트럭(드론?)이 근처를 맴도는 지금은 더 힘들다. 그러나 나의 진정한 즐거움은 나의 격려로 탄탄한 경력을 쌓아가고 있는 일선 직원들에게서 온다. 나의 진정한 즐거움은 열심히 일하는 유쾌한 직원과 그 덕분에 하루가 조금은 밝아진 손님 사이에 오가는 45초간의 친근한 농담을 계산대에서 몇 미터 떨어진 곳에서 들을 때 생긴다. 중요한 것은 그게 아닐까? (계산대 직원과 고객 사이에 오간 농담은 MRI에 장착된 작은 거울과 비슷하다. 그 거울은 간호사와 눈을 마주칠 수 있게 해줌으로써 환자의 경험을 훨씬 긍정적으로 바꾸어준다. 그것을 수백 배, 수천 배 확장한 것이 기업의 성공에 박차를 가하게 하는 전략적 차별화 요소다. 그리고 그것은 지구에 머무는 짧은 시간 동안 당신이 하는 일에 만족감을 느끼도록 해주기도 한다.)

▶▶ 일선 직원을 섬기는 리더가 돼라

> 조직의 엑설런스=사람(고객과 지역사회)을 섬기는 사람(팀원)을 섬기는 사람(리더/관리자)
>
> 로버트 그린리프, 《서번트 리더십 원전》에서 얻은 아이디어

기업의 엑설런스는 '사람'과 '서비스'에서 나온다. 엑설런스=
서비스다. 팀원에 대한 서비스, 고객과 판매사에 대한 서비스,
지역사회에 대한 서비스다. 어떤 의미로는 칙센트미하이가 말
하는 인류에 대한 작은 서비스에서 엑설런스를 추구하라.

실천 사항
10
"기업은 인간의 복지를 증진하기 위해 존재한다." 이 문장이
내 머릿속을 빙빙 맴돈다. 나는 그 말을 정말 진심으로 믿는
다. 여러분은 어떤가? 여러분의 동료들은 어떤가? 이 말이 현
재 활동에서 정확히 무엇을 의미하는가? 나와 우리는 오늘 인
간의 복지에 긍정적으로 기여했는가? 나는 여러분의 하루가
업무의 연속이라는 것을 잘 알고 있다. 그것이 문제다. 그리고
기회다. 여러분의 인간 복지 기여 미터기는 켜져 있는가? 여러
분과 여러분 팀의 다음 소소한 행동으로만 보여줄 수 있는 (또
는 없는) 이 원대한 포부를 되새기고 있는가?

2.11
엑설런스: 사람이 '가장' 먼저다

옥스퍼드대학교 연구원인 칼 베네딕트 프라이와 마이클 오즈번에 따르면, 앞으로 20년 동안 미국의 직업 중 거의 절반이 컴퓨터에 맡겨질 위험에 처해 있다고 한다.

해리엇 테일러, '로봇이 '긱 경제(Gig Economy)'를 어떻게 죽일 것인가', CNBC

우리 문제의 근원은 대침체(Great Recession: 2009년 서브프라임 사태 이후 미국과 전 세계의 경제 침체 상황을 1930년대 '대공황'에 빗대어 일컫는 말 – 옮긴이)나 심각한 불경기에 처해 있는 것이 아니라 구조 대조정(Great Restructuring) 초기 단계에 있다는 것이다. 우리의 기술은 앞서가고 있지만 우리의 기술과 조직은 뒤처지고 있다.

에릭 브린욜프슨 · 앤드루 맥아피, 《기계와의 경쟁》

이를 행동 측면으로 옮기자면, 리더로서 여러분의 주된 도덕적 의무는 여러분의 능력이 닿는 한 준정규직 및 임시직까지 여러분이 책임지고 있는 모든 사람의 기술을 개발해 앞으로 몇 년 사이에 닥칠 '혁명적' 요구에 부응할 수 있게 해주는 것이다. (이는 첫 번째 중장기 성장 및 수익 극대화 전략이기도 하다!)

이는 내가 제안하는(요구하는!) AI 폭주 시대에 현대 지도자들이 결사적으로 매달려야 하는 공식 신조다.

▶▶ 리더의 도덕적 의무

전 세계의 여론조사는 놀라울 정도로 일관된 결과를 보여준다. 75~85퍼센트의 사람(근로자)들은 자기 일에 만족하지 못하거나 일과 분리돼 있다. (2016년 갤럽이 발표한 '전 세계 직원의 몰입도 위기'를 보라.) 물론 기술적 압박의 증가와 제품 실패의 여파(예를 들면 보잉 737 맥스) 탓도 있다. 그러나 이러한 요인이 관리자가 인간적이며 개인적 성장을 이끄는 지원 환경을 조성하지 못하게 할 필요도 없고, 그래서도 안 된다.

상황, 특히 열악한 상황에도 불구하고 긍정적이고 몰입하게 하는 환경을 조성하라고 관리자가 급여를 받는 것이다. 사실 위대한 리더의 가장 중요한 특징은 내가 이 책을 쓰고 있을 때처럼 주변 세계가 불길에 휩싸여 있을 때 활기차고, 효과적이고, 힘이 되는 환경을 만들고 유지하는 것이다. 난장판 속에서 단기적인 재정 목표로 몰아붙이는 것이 아니라 최악의 상황일 때 진정한 동지애와 연민과 배려를 보여주는 것이 그들의 특징이다. (참고로 나는 팀에 있는 직원의 75퍼센트가 몰두하지 못하는 것은 리더의 중대한 범죄라고 본다.)

실천 사항 11 이것은 내게 개인적인 문제다. 여러분과 동료 리더들은 "리더로서 여러분의 주된 도덕적 의무는 능력이 닿는 한 최대한 여러분이 책임지고 있는 모두의 기술을 개발하는 것이다"라는데 찬동하는가?

참고: 그 질문에 대한 여러분의 답변에 따라 내가 지난 40년 이상의 시간을 낭비했는지 아닌지 판가름이 난다. 농담이 아니다.

2.12
엑설런스의 기반인 인간관계에 대한 투자

친밀하고 지속적인 관계를 발전시키는 능력은 리더의 특징 중 하나다. 안타깝게도 많은 주요 기업의 리더는 전략과 조직의 구조 및 절차를 만들어내는 것이 자신의 임무라고 믿는다. 그래서 일을 하는 사람들과는 거리를 두면서 일을 위임한다.

빌 조지, 메드트로닉 전 CEO, 《진실의 리더십》

연합군의 통솔은 상호 신뢰에 달려 있으며, 이러한 신뢰는 무엇보다 우정의 발전을 통해 얻어진다.

드와이트 아이젠하워 장군, 유명한 장교들의 리더십 '비밀'을 다룬 잡지 〈암체어 제너럴〉에서. 아마 (웨스트포인트에서) 아이젠하워가 가장 뛰어났던 능력은 친구를 쉽게 사귀고 다양한 배경의 동료 생도들에게 신뢰를 얻었다는 점일 것이다. 그건 훗날 연합군 사령관 시절에 큰 도움이 된 자질이었다. (매우!) 까다로운 연합군이 합심하게 만든 아이젠하워의 비상한 능력은 그가 제1차 세계대전에서 승리하는 데 중요한 역할을 했다.

> 개인적 관계는 모든 발전, 모든 성공, 그리고 실생활의 모든 업적이 자라나는 기름진 토양이다.
>
> 벤 스타인, 투자의 구루

최고의 관계는 '모든' 발전, '모든' 성공, 그리고 실생활의 '모든' 업적이 자라나는 기름진 토양을 얻게 한다. 하지만 빌 조지가 시사했듯이 많은(대부분의?) 리더는 "그것을 이해하지 못한다". 틀림없이 그들도 관계가 중요하다는 사실에는 동의할 것이다. 그러나 관계에 투자하고, 관계를 형성하고 유지하는 데 필요한 열정과 집념은 부족할 것이다.

그렇다. 열정, 집념, 투자.

지름길은 없다. 엑설런스한 관계에는 시간이 걸린다. 그것도 아주 많은 시간이. 그리고 그것은 지금도 변함없는 사실이다.

실천 사항 12A 여러분의 공식적인 관계 투자 전략은 정확히 무엇인가? 오늘의 전략은? 한 주 동안의 전략은? 한 달 동안의 전략은? 관계 발전은 "소프트한 요소는 강하다"는 아이디어의 완벽한 보기다. 그러므로 여러분에게 지속적인 관계 투자에 대한 공식적인 계획을 수립할 것을 제안한다(요구한다. 내가 명령을 내릴 수는 없겠지만 그럴 수 있으면 좋겠다). 그리고 조직의 모든 리더에게(실은 리더가 아닌 사람에게도) 그러한 계획을 '요구할' 것을 제안한다.

명확하고 측정 가능한 탁월한 관계 발전 능력의 입증은 리더

로의 승진을 위한 첫 번째 테스트가 돼야만 한다. (예를 들어 각

후보자의 부서 안팎의 네트워크 수준을 테스트하라.)

2.13
독보적인 고용주 또는 독보적인 혁신가

나는 종종 거대 기업 구조 속의 삶에서 탈출하려는 예비 기업가들에게
서 "어떻게 하면 저도 작은 회사를 하나 세울 수 있을까요?"라는 질문
을 받는다. 대답은 분명한 듯하다. 아주 큰 회사를 사서 기다려라.

폴 오머로드, 《대부분의 것들이 실패하는 이유(Why Most Things Fail)》

포스터와 맥킨지의 동료들은 40년에 걸친 미국 기업 1,000개의 세부
적인 실적 자료를 수집했다. 그리고 장기 생존 기업 가운데 시장 수익
률을 능가한 기업은 하나도 없다는 사실을 발견했다. 더 심각한 사실
은 데이터베이스에 오래 존재한 기업일수록 실적이 나빴다는 것이다.

사이먼 런던, '그리 적합하지 않은 기업의 장기 생존', 〈파이낸셜타임스〉

사실 대기업의 장기 실적은 좋지 않았다. 포스터의 조사에서
40년 동안 시장 수익률을 상회한 기업은 1,000개 중 한 곳도

없었다. 고용과 미국 경제에(그리고 모든 사람의 경제에) 도움을
준 것은? 중소기업이었다!

> 연구는 신생 중소기업이 민간 부문의 새 일자리 대부분을 창출하고 상
> 대적으로 훨씬 더 혁신적임을 보여준다.
>
> **저바이스 윌리엄스, 스타 펀드매니저, '소기업이 미래라면 우리 모두 크게 성공할**
> **것이다', 〈파이낸셜타임스〉**

'나를 포함한!' 경영 구루들은 대부분 재계가 〈포천〉지 선정
500대 기업과 FTSE(영국 〈파이낸셜타임스〉와 런던증권거래소가 공
동 소유한 FTSE그룹이 발표하는 주가지수 – 옮긴이) 100대 기업으로
구성된 것처럼 행동한다. 사실 우리 대다수, 80퍼센트 이상은
대부분 알려지지 않은 중소기업에서 일한다. 중소기업이 우
리다.

　세상 한구석, 남들은 지루하다고 치부하는 영역에서 당당
히 보여주는 탁월함만큼 나를 흥분시키는 것은 없다. 예를 들
어 뉴질랜드의 내 별장 근처 작은 마을 모투에카 중심가에 있
는 평범해 보이는 한 건물의 문을 열면 가족이 운영하는 W. A.
코핀스의 사무실과 공장이 나온다. 코핀스는 해묘(sea anchor:
수심이 깊어 닻을 내릴 수 없을 때 투하해 위치를 유지하는 장치 – 옮긴
이) 및 관련 제품의 디자인과 제조 부문에서 당당히 세계 선두
를 달리는 회사다. 코핀스의 까다로운 고객 중에는 미 해군과

노르웨이 정부도 포함돼 있다. (코핀스처럼 세계 최고인 소기업은 나를 말 그대로 기쁨으로 가득 차게 한다.)

참고로 케네소주립대학교의 연구 보고서 〈자세히 살펴본 미국 경제에서 차지하는 가족 기업의 기여도〉에 따르면, 미국 가족 경영 기업의 기여도는 다음과 같다.

GDP(국내총생산)의 64퍼센트

총 고용의 62퍼센트

새로운 일자리 창출의 78퍼센트

보 벌링엄은 《스몰 자이언츠가 온다》에서 탁월한 중소기업의 특성을 다음과 같이 제시한다.

- 개인적인 접촉, 일대일 상호작용, 약속 이행에 대한 상호 간의 약속을 기반으로 고객 및 공급업체와 이례적인 밀착 관계를 구축했다.
- 각 회사는 사업을 하는 지역의 도시, 읍, 카운티와 대단히 친밀한 관계를 맺고 있었고, 이는 '환원'이라는 일반적인 개념을 훨씬 뛰어넘는 관계였다.
- 그 회사들은 유별나게 친밀한 일터라는 인상을 주었다.
- 나는 리더들이 회사 일에 갖는 열정에 주목했다. 그것이 음악이든 안전 조명, 음식, 특수 효과, 고정 토크 힌지, 맥주,

기록 보관, 건설, 정찬, 패션이든 그 일을 좋아했다.

성공 요인은 '모두' 이른바 소프트한 속성임에 유의하라.

▶▶ 중소기업 슈퍼스타들을 소개한 책

- 보 벌링엄,《스몰 자이언츠가 온다》
- 윌리엄 테일러,《차별화의 천재들》
- 라젠드라 시소디어·마이클 겔브,《치유 조직(The Healing Organization)》
- 애덤 데이비드슨,《나는 무조건 성공하는 사업만 한다》
- 조지 웨일린,《장사는 차별화다》

실천 사항 13 배움이 여러분의 목표라면(아니라면 이 책을 보고 있지 않을 것이므로 그럴 것이다) 책이나 현실에서 매력적인 자그마한 소규모 회사들을 찾아 공부하고 배우도록 하라. 여러분의 사업 분야 또는 편안함을 느끼는 분야를 넘어 공부하는 것이 특히 중요하다. 예를 들어 식당 경영자가 병원 중환자실에서 배우거나 그 반대인 식이다. 학생의 자세는 항상 승리하는 전략이다!

2.14
《월스트리트 성인의 부자 지침서》에서 배우는 엑설런스

뱅가드펀드의 설립자이며 수수료 없는 노 로드(no load) 지수 펀드의 아버지이자 근래 수십 년 이내에 가장 성공한 투자자라고 할 수 있는 고(故) 존 보글은《월스트리트 성인의 부자 지침서》라는 제목의 훌륭한 책을 썼다. 그 책은 이런 일화로 시작된다.

> 쉘터아일랜드의 한 억만장자가 연 파티에서 커트 보니것은 친구인 조지프 헬러에게 파티 주최자는 헤지펀드 매니저이며 하루 동안 버는 돈이 헬러가 그의 인기 소설《캐치-22》로 평생 번 돈보다 더 많다고 알려준다. 헬러는 이렇게 대답한다. …… "그래, 하지만 나는 그가 결코 충분히 가질 수 없는 것을 가지고 있지."

보글의 책의 핵심은 각 장의 제목에 담겨 있다.

- 비용은 높고 가치는 부족하다
- 투기는 넘치지만 투자는 부족하다
- 복잡성은 넘치지만 단순성은 부족하다
- 숫자만 많고 신뢰는 부족하다
- 사업 행위는 넘치지만 전문가적 품행은 부족하다
- 상혼만 넘칠 뿐 청지기 정신은 부족하다
- 경영은 넘치지만 리더십은 부족하다
- 재물에는 집중하지만 책임은 부족하다
- 21세기 가치는 넘치지만 18세기 가치는 부족하다
- 성공은 넘치지만 인격은 부족하다

  (참고로 내 평생 가장 감격스러웠던 일 중 하나는 《월스트리트 성인의 부자 지침서》 페이퍼백의 서문을 써달라고 요청받은 것이다.)

실천 사항 14 《월스트리트 성인의 부자 지침서》를 읽어라! 그리고 숙고해보라. 그 내용이 나의 일상적인 직장 생활, 특히 내가 만들고 싶은 조직에 어떻게 적용되는가?

2.15
엑설런스의 부족

▶▶ **몇 가지 사례**

#1: 더프 맥도널드는 그의 책《황금 여권(Golden Passport)》에서 다음과 같이 보고한다. "1970년 노벨 경제학상 수상자인 밀턴 프리드먼은 〈뉴욕타임스〉에 '기업의 사회적 책임은 수익 증대에 있다'라는 제목의 에세이를 실었다."

프리드먼의 글은 주주 가치 극대화 시대의 시작을 알렸다. 나는 최근에 이를 설명하는 에세이를 쓰면서 "주주 가치 극대화: 도덕적 파산이자 현대 비즈니스를 무력화하고 사회적 불안정을 조장하는 비할 데 없이 파괴적인(합법적 요구가 아닌) 경제적 아이디어"라는 제목을 달았다.

#2: 윌리엄 라조닉은 '번영 없는 이윤'이라는 제목의 〈하버드 비즈니스리뷰〉 기사에서 주주 가치 극대화를 반증하는 정량적 사례를 제시한다.

> 우리가 공동의 번영을 증가시켜줄 생산능력에 투자해주리라고 믿는 바로 그 사람들은 회사 수익의 대부분을 자신들의 번영을 증대하는 용도로 사용하고 있다.

'번영 없는 이윤'에서 제시하는 다음 사실들을 생각해보라.

S&P500 기업 449개의 2003~2012년 공시에 따르면 2조 4,000억 달러의 수익 중 91퍼센트는 자사주 매입 및 배당에 사용됐고, 나머지 9퍼센트만 '생산능력 또는 직원의 소득 증대'를 위해 사용됐다고 한다.

2012년에 9퍼센트였던 '생산능력' 증대에 할당됐던 몫은 프리드먼의 위험한 움직임이 시작되기 전에는 50퍼센트였다. 도저히 이해가 안 되고 악몽을 유발하는 사실이다.

> **1970년:** 50퍼센트가 근로자, 연구 개발, '유지 및 재투자' 생산 투자 전략에 할당
>
> **2012년:** 9퍼센트가 근로자, 연구 개발, '다운사이징과 분배' 생산 투자 전략에 할당

#3: 지렁이도 밟으면 꿈틀할 수 있다. 하버드대학교 경영대학원 사상 최고의 교수인 조지프 바우어와 린 페인은 〈하버드비즈니스리뷰〉에 실은 '기업 리더십의 핵심 오류'에서 다음과 같이 말했다.

> 기업의 지배 구조 모델에 이의를 제기할 때가 왔다. 주주 가치의 극대화라는 만트라가 기업과 리더들이 그들의 주의를 요구하는 혁신, 전략 개선, 미래를 위한 투자에서 멀어지게 만들고 있다. 역사를 보면 기업은 진보적 경영과 합리적인 규제를 통해 사회가 끊임없는 변화에 적응하게 하는 데 유용한 역할을 할 수 있다. 그러나 이는 이사들과 경영자가 충분한 재량권을 가지고 있어 회사와 비즈니스를 더 장기적이고 폭넓은 관점에서 볼 수 있을 때만 가능하다. 무책임한 '소유주'의 기습 공격 가능성에 직면하고 있는 한 오늘날의 경영자들은 지금, 이 순간에 집중할 수밖에 없다.

#4: 단기적 주주 가치 극대화를 거부하고 '장기적 게임'을 한다면 그 결과는 엄청나다.

맥킨지 상무이사였던 도미니크 바턴과 제임스 매니카, 세라 코헤인 윌리엄슨은 〈하버드비즈니스리뷰〉에 실은 '데이터: 장기 성과주의가 빛을 발하는 시점'에서 다음과 같이 말한다.

기업 차원에서 단기 성과주의(short-termism)의 영향을 수량화하고 그것이 국가 경제에 끼치는 누적적 영향을 평가하기 위해 2001년부터 2014년까지 미국의 비금융 기업 615개를 대상으로 데이터를 추적했다(미국의 전체 시가총액의 60~65퍼센트에 해당). 우리는 자본 지출 대 감가상각 비율(투자 척도), 수익 배분 발생액(수익의 질 지표), 마진 증가 등 장기적 행동을 나타내는 몇 가지 지표를 사용했다. 유효한 결과를 보장하고 표본의 편향을 피하고자 우리는 기회와 시장 조건이 유사한 동종 업계 기업들만 비교했다. 기업 규모와 산업을 조정했을 때 장기 성과 지향성을 가진 기업은 167개였다(총 표본의 약 27퍼센트).

바턴 등의 조사 결과는 다음과 같다.

2001~2015년 장기 투자 기업 대 여타 기업

평균 회사 매출: +47퍼센트

평균 회사 순이익: +36퍼센트

평균 경제적 이윤: +81퍼센트

평균 시가총액: +58퍼센트

평균 일자리 창출: +132퍼센트

명백하다!

특히 +132퍼센트를 다시 읽어보라.

상장 거대 기업의 최고 경영자인 독자는 많지 않다. 그렇다면 위의 주장들이 평범한 우리에게는 어떻게 적용되는가? 어느 정도는 "하드한 요소는 약하고 소프트한 요소는 강하다"는 주장을 최대로 확장한 것으로 보면 된다. 여기서는 단기 성과주의가 올가미와 망상이며 개인과 사회 전체를 파괴한다고 이야기하고 있다. 중장기 투자, 특히 인력과 혁신에 대한 투자는 근로자, 고객과 지역사회 그리고 '순익'에 보상을 안겨준다. 또한 인력과 혁신에 투자하는 장기 성과주의 관점은 직원이 9명인 지역 배관 서비스 회사에도 적용된다. 이러한 아이디어와 데이터, 그리고 세계와 관련해 진지하게 자기 검토를 해보라.

2.16
엑설런스는 삶의 방식이다

내가 정의하는 '엑설런스'는 무엇보다도 삶의 방식이며, 날마다, 매 순간 동료 인간과 공동체를 관심과 존중의 마음으로 대하는 행동 방식이다. 엑설런스는 중요한 면에서 영적이다.

솔직히 나는 보통 '영적' 같은 용어를 피한다. 어쨌거나 내 능력은 실용적이고 현실적인 분석과 실행 가능한 조언에 있기 때문이다. 복수 전공 이공계 졸업생에게서 다른 무엇이 나오겠는가? 하지만 특히 이 혼란한 시기에 엑설런스의 힘을 숙고할 때 여러분에게 남기고 싶은 메시지는 교회 설교단에서 할 법한 이야기임이 분명하다. 우리는 깨어 있는 시간 대부분을 일을 하며 보내므로 일은 '우리가 어떤 사람인지' 정의해준다. 그리고 우리가 리더로서 어떤 사람인지는 얼마나 깊이 동료의 복지에 기여하는가로 결정된다. 그래서 나는 내키지 않는 마음을 버리고 엑설런스의 '영적' 본질을 전적으로 받아들인다!

나는 한 가톨릭 사제가 노트르담대학교에서 《초우량 기업의 조건》을 기반으로 신학 박사 학위 논문을 썼다고 알려 온 편지를 기쁜 마음으로 읽었던 기억이 난다. 눈물이 핑 돌았던 것으로 기억한다. 앞서 언급했듯이 우리 중 10퍼센트 미만만 〈포천〉지 선정 500대 기업 또는 거대 기업에서 일한다. 우리 대다수는 중소기업에 다닌다. 따라서 사실상 기업의 상태는 지역사회, 국가, 세계의 상태와 직결된다. 그렇다면 좀 거창하게 들릴 수 있겠지만 기업에 대한 논의는 문명 자체의 특성에 대한 논의다. 따라서 기업의 탁월성은 대단히 중요한 문제다.

실천 사항 16 우리가 이야기하고 있는 것은 여러분 삶의 이야기다!
내가 생각하기에 기업의 탁월성은 우리가 어떤 사람이고 어떤 기여를 하는가의 문제이므로 추상적인 대차대조표를 크게 넘어서는 문제다.

내가 '엑설런스'라는 단어를 내 경영 사전에 도입한 것은 수년 전 우연히 샌프란시스코 발레단의 감동적이고 고무적인 공연을 본 직후에 발표문 초안을 작성하면서였다. 그때 머리를 스친 생각은 '왜 비즈니스는 발레처럼 될 수 없지?'였다.

'기업의 엑설런스'. 존재의 방식. 이 책은 내가 마지막으로 부르는 '만세'다. 여러분도 나와 함께하겠는가?

전략은 상품이고
실행은 예술이다

3.17
실행: 마지막 95퍼센트

할 수 있다. 어려운 일은 당장 한다. 불가능한 일은 조금 더 오래 걸릴 뿐이다.

미 해군 공병 여단의 모토

나의 첫 리더십 훈련장은 1966~1968년의 베트남이었다. 미 해군 공병대(Navy Seabee: Seabee라는 별칭은 construction battalion의 머리글자 CB에서 유래했다)는 1942년 과달카날에서 탄생한 전설적인 해군 건설 부대로 거기서는 평계도, 반짝이는 군화도 찾아볼 수 없었다. 사실 불가능한 일을 해내는 것이 그들의 임무다. 몬순 기간에, 포화를 뚫고서 절망적인 바위투성이 지형의 과달카날에 열악한 장비로 13일 만에 활주로 건설을 끝낸 것 같은 일 말이다. 그러한 정신력과 그에 따른 결과는 일흔아홉 살인 내게 여전히 미 해군 공병대의 트레이드마크로 기억에 남아 있다.

> 실행을 잊지 마, 여러분. 그게 가장 중요한 마지막 95퍼센트야.
> 맥킨지 이사

맥킨지의 최고위급 이사가 샌프란시스코 지사의 회의실에 머리를 들이밀고서 팀원들에게 소리쳤다. "실행을 잊지 마, 여러분. 그게 가장 중요한 마지막 95퍼센트야." 물론 그의 말은 옳았다. 나중에 《초우량 기업의 조건》을 낳은 맥킨지 연구의 자극제도 실행 또는 실행의 부족에 집중하라는 상무이사의 명령이었다. 그는 "톰, 우리가 이런 비범한 전략을 설계해도 고객이 실행을 못 해. 왜 연결이 안 될까?"라고 말했다. 여전히 모든 분야의 기업에서 문제 분석이 지배하고 실행은 당연시되는 일이 되풀이된다. 그런데 사실 실행이 "마지막 95퍼센트다".

실천 사항 17 흔히 이렇게 이야기한다. "리더는 영감을 불러일으키는 비전으로 사람들을 자기편으로 끌어들인다. 그리고 세부 사항을 처리할 관리자를 두어야 한다." 그럼 나는 '관리자' 자리를 맡겠다. '리더' 자리는 여러분이 가져도 좋다. 좋은 책은 멋진 아이디어에서 나오는 게 아니다. 2년간의 고된 연구와 7번, 8번, 또는 12번(또는 20번) 고쳐 쓰는 작업을 통해 나온다. 나는 이렇게 조언하고자 한다. 근사함과 추상성은 잊도록 하라. 오늘 안에 뭐든 구체적인 일을 끝내는 데 집중하라. 그리고 여러분이 책임자라면 과시하려 하지 않고 자신이 발 벗고 나서야 직성이 풀리는 사람을 팀원으로 충원하라.

3.18
실행: 욕조 안으로 샤워 커튼 넣기

> 말년에 콘래드 힐튼이 〈더 투나잇 쇼〉에 출연했다. 진행자 자니 카슨은 힐튼이 호텔 제국을 건설하면서 배운 점 중에서 미국인에게 전할 메시지가 있는지 물었다. 힐튼은 잠시 멈칫했다가 카메라를 바라보며 말했다. "샤워 커튼을 욕조 안으로 넣는 걸 잊지 마세요."
>
> 데버라 아츠, 〈캐나디안비즈니스〉

힐튼의 이러한 가르침은 지난 5년간 강연을 할 때 거의 매번 첫 번째 슬라이드에 들어갔다. 호텔 사업에서는 '위치, 위치, 위치'가(그리고 훌륭한 건축가가) 중요하다. 처음으로 그곳을 방문하도록 유혹하는 요소인 까닭이다. 하지만 그곳을 재방문하고 친구들에게 추천하게 만드는 것은 욕조 안에 드리워진 샤워 커튼 같은 것들이다(×100). 그리고 사업가들이 잘 알고 있듯이 일반적으로 첫 거래에서는 손해를 보고 18번째, 19번째,

20번째 거래에서 돈을 벌게 되는데, 거기에는 (널리 퍼지기를 희망하는) 그런 입소문과 소셜 미디어가 필수다. (힐튼 이야기의 이면에는 그것의 중요성을 능가하는 또 다른 이야기가 있다. 욕조 안으로 샤워 커튼 넣기가 가장 중요하다면 그 일을 하는 사람이 가장 중요한 직원일 텐데 이들에 대한 전형적인 대우는 그와 크게 대조된다. 자세한 내용은 네 번째 주제에서 이어진다.)

실천 사항 18 인생의 승리 전략은 샤워 커튼 정리 담당자에게 집착하는 것이다. 지난 근무일을 돌아보라. 여러분 조직에서 '샤워 커튼 정리 담당자'에 해당하는 직원에게 얼마나 시간을 썼는가? (매일 근무를 끝내면서 자문해보라.)

3.19
실행을 위한 원칙

▶▶ **단순화하라**

> 코스트코는 중요하면서도 간단한 것들을 알아내고 아주 광신적으로
> 실행한다.
>
> 찰스 멍거, 버크셔해서웨이 부회장

코스트코는 이례적일 정도로 우수한 성과를 거둬왔다. 그런 결과는 조직의 실제 일상 업무를 수행하는, 즉 '광적으로 실행하는' 일선 직원에 대한 지속적이고 분명한 관심에 기반하고 있다.

▶▶ 실행의 중요성

> 실행이 곧 전략이다.
>
> 프레드 말렉

말렉은 내가 1973년부터 1974년까지 백악관 예산관리국에서 일할 때 내 상사였다. 말렉은 추상적인 것은 수용하지 않았다. 결과를 원했다. 당장. 어떤 미화, 과장, 변명도 정말이지 허용하지 않았다. (예를 들어 한번은 주태국 대사를 15분 동안 만나 짧은 메시지를 전달하러 워싱턴 DC에서 방콕을 48시간 만에 다녀와야 했다. 말렉은 "직접 얼굴을 보고" 메시지를 전하라고 했고 나는 얼굴을 보고 전했다. 그리고 그 방문은 효과가 있었다. 이전까지 회의적이었던 대사는 우리가 고려하고 있던 중요한 프로그램을 지지하게 됐다.)

> 실행은 기업의 리더가 할 일이다. …… 후보자들을 평가할 때 내가 가장 먼저 살펴보는 면은 실행에 대한 에너지와 열정이었다. 일을 완수했을 때의 짜릿함을 이야기하는가, 아니면 전략이나 철학 이야기만 자꾸 늘어놓는가? 자신이 극복해야 했던 장애물을 자세히 이야기하는가? 자신에게 배정된 사람들의 역할을 설명하는가?
>
> 래리 보시디 · 램 차란, 《실행에 집중하라》

채용과 승진 관행에 종교처럼 '보시디의 규칙'을 적용하라.

▶▶ 실행의 철칙

> 실행은 무엇을, 어떻게 할지 엄밀히 논의하고, 끈질기게 완수하고, 반
> 드시 책임지는 체계적인 과정이다.
>
> **래리 보시디·램 차란,《실행에 집중하라》**

항상 실행에 관해 이야기할 때 실행될 가능성이 크다. 실행에
관해 이야기하지 않으면 실행되지 않는다.

질문: "이렇게 간단할 수 있는가?"
답변: "상당 정도 그렇다."

다음을 여러분의 개인적 철칙으로 삼아라. 모든 대화, 모든 회
의에서 실행/시행/다음 단계 담당자와 목표, 시한에 대한 논
의가 전면 및 중심이 돼야 하고 지배적이어야 하며(예를 들어
파워포인트 프레젠테이션 슬라이드 30장 중 15장이 해야 할 일에 대한
슬라이드), 후속 커뮤니케이션에서도 거의 즉각적으로, 그리고
그 뒤로도 이를 반복하도록 하라. 실행에 집착하고 그 집착을
널리 알려라.

▶▶ 실행, 그리고 마지막 전언

못 하나가 없어서 말편자가 망가졌다네,

말편자가 없어서 말이 다쳤다네,

말이 다쳐서 기사가 다쳤다네,

기사가 다쳐서 전갈을 전하지 못했다네,

전갈을 전하지 못해 전투에서 졌다네,

전투에서 져서 왕국이 무너졌다네,

이 모두가 못 하나가 없어서였지.

13세기 속담

전략은 상품이고 실행은 예술이다.

피터 드러커

아마추어는 전략을 이야기하고 전문가는 전술을 이야기한다.

미 해병대 로버트 배로 장군

아무도 탓하지 마라. 아무것도 기대하지 마라. 뭐든 하라.

빌 파셀스, NFL 코치

사람이 가장 먼저다

비즈니스는 사람들에게 풍요롭고 보람찬 삶을 제공해야 한다.
그렇지 않으면 할 가치가 없다.

《엑설런스의 분배(The Excellence Dividend)》는 2018년에 출간됐다. 홍보는 주로 팟캐스트
로 했다. 아마 20번쯤 했을 것이다. 한 번을 제외하고 대부분은 질문자가 준비가 잘 해와서
즐겁게 이야기를 나눌 수 있었다. 그런데 한 가지 이상한 점이 있었다. 20번 중 15번은 첫 질
문으로 거의 단어까지 똑같이 이런 질문을 받았다.
"톰, 당신은 사람에 대한 이야기를 많이 하는데 왜 그런가요?"
여과하지 않고 대답했다면 "젠장, 그것 말고 할 이야기가 뭐가 있겠소?"였다.
비즈니스는 사람을 위한 것이다. 첫째도 사람. 둘째도 사람. 마지막도 사람이 우선이어야 한다.

4.20
꿈꿔왔던 것 이상이 될 수 있게 하라

> 비즈니스는 사람들에게 풍요롭고 보람찬 삶을 제공해야 한다. 그렇지 않으면 할 가치가 없다.
>
> 리처드 브랜슨, 《비즈니스 발가벗기기》

이것은 Excellencenow.com의 27장 '요약' 편 파워포인트 슬라이드 4,096장 중 첫 장에 올린 인용문이다. 말할 것도 없이 첫 장에 올릴 내용의 선택은 쉽지 않았다. 그러나 몇 년이 지나도록 흔들리지 않고 4,096장 중 첫 장으로 고수하고 있다.

훌륭한 관리자는 팀원 개개인이 성공하고 성장하고 번창하기를 그야말로 '간절히' 원한다.

실천 사항 20A

그렇다면 상사인 여러분은…… 간절한가? (매우 신중히 선택한 단어다.)

(훌륭한 관리자의) 첫 번째 반응은 상황이 어떻든 항상 관련된 개인과 그 개인이 성공을 경험하도록 상황을 조성할 방법을 생각하는 것이다.

마커스 버킹엄, 《강점이 미래다》(이 분야에서 내가 마커스 버킹엄보다 더 존경하는 사람은 없다.)

감독의 역할은 배우들이 이전보다 나은 배우, 꿈꿔왔던 이상의 배우로 성장할 수 있는 공간을 만들어주는 것이다.

로버트 알트먼, 영화감독

실천 사항 20B 알트먼의 정확한 단어 선택을 살펴보자.

이전보다 나은 배우

꿈꿔왔던 이상의 배우

아름다운 말이다. 하지만 그 단어들의 정확한 의미를 생각해보라. 만약 여러분이 리더라면 정확히 위의 단어들이 여러분의 역할에 대한 견해와 일치하는가? (그리고 지난 24시간 동안의 행동과 일치하는가?)

로버트 그린리프는 책 《서번트 리더십 원전》에서 리더들이 팀원과 관련해 반드시 다음 질문을 던져야 한다고 말한다.

섬김받는 사람들이 인간적으로 성장하는가?

그들이 섬김을 받는 동안 더 건강해지고, 더 현명해지며, 더 자유로워지고, 더 자율적으로 되며, 자신들도 서번트가 될 가능성이 더 커지는가?

'서번트 리더십'이라는 용어를 되새겨보고 혹시 아직 안 읽었다면 그린리프의 독보적인 책을 읽어보라!

> 직원들이 고객에게 훌륭한 서비스를 제공하기를 바란다면 리더들이 직원들에게 훌륭한 서비스를 제공해야 한다.
>
> **아리 와인즈와이그, 징거맨즈 공동 창업자, 《위대한 비즈니스 구축에 대한 타락한 무정부주의자의 접근법(A Lapsed Anarchist's Approach to Building a Great Business)》**

이것은 아주 간단한데 너무나 자주 간과되는 사실이다. 이것이 일반적 관행이라면 내가 이 책을 쓸 필요가 없었을 것이다. 사실 이 책을 쓸 '필요'는 없지만 '쓰지 않을 수 없었다'. 이것은 "직원들에게 훌륭한 서비스를 제공하라"는 말처럼 내가 당연하게 여기는 것들을 실천하도록 설득하려는 마지막 시도다.

> 직원들이 경험하는 대로 고객들도 경험하게 된다. …… 고객이 직원보다 행복할 수는 결코 없을 것이다.
>
> **존 디줄리어스, 〈고객 경험〉 블로그**

심오하다. (그렇다, 심오하다는 단어가 적합하다. 이른바 똑똑하다는 사람들 가운데 이것을 이해하지 못하는 이들이 얼마나 많은지 지적하는 것도 '심오한' 논평이라고 생각한다.)

고객이 "와우!" 감동하게 만들고 싶다면 고객에게 감동을 줄 사람들부터 감동시켜야 한다.

나는 "와우!"라는 단어에 거의 중독돼 있음을 인정한다(톰 피터스는 개인을 브랜드로, 일상 업무를 프로젝트로, 평범한 팀을 프로페셔널 팀으로 만들자는 슬로건을 내걸고 '와우 프로젝트' 시리즈를 집필했다 – 옮긴이).

실천 사항 20C

그래서 여러분은 오늘 팀을 '감동'시켰는가? (부디 "와우!"라는 감탄사를 사용하기를 바란다.)

> 내가 누군가를 고용할 때 나는 그들을 위한 일을 시작한다.
>
> 존 디줄리어스, 《관계의 경제(The Relationship Economy)》

실천 사항 20D

매일 아침 사무실로 들어서거나 첫 번째 줌 회의에 참석할 때 스스로 상기하라. '그들이 나를 위해 일하는 게 아니라 내가 그들을 위해 일한다'는 사실을.

> 나는 버거킹에서 '미션 선언문'을 만들지 않았다. 내게는 꿈이 있었다. 아주 간단한 꿈이었다. '25만 명의 직원이 곧 버거킹이므로 그들 개개인에게 신경 쓰자'는 것이었다. 드라이브스루 담당 직원만이 아니라 회계팀, 시스템팀 등 모든 직원을. 그들 모두가 '브랜드'를 대표한다.

그것이 바로 우리가 이야기하는 바다.

배리 기번스, 버거킹 전 CEO, 버거킹의 수익을 호전시킨 슈퍼스타

탠저린(Tangerine)의 리더로서 내가 하려는 일은 직원 개개인이 정말로 잘되고, 성공하고, 자기 일에 만족감을 느끼고, 성취감을 느끼고 성장할 수 있는 수단이 있는 문화, 모든 팀원에게 발언권을 주는 문화를 구축하는 것이다. 왜? 자기 직원들에게 잘해주는 것이 좋은 기업이기 때문이다. 내가 잘될 때 우리가 이익을 얻는다. 그래서 이 책의 제목이 위올로지(Weology)다. 내가 말하는 '위올로지'는 윈윈 시나리오를 만드는 것이다. 그것은 단기적으로 사람을 우선시해 회사가 장기적으로 번창할 수 있도록 하는 방법이다. …… 숫자가 기업의 경영 방식, 심지어 은행의 운영 방식을 지배할 필요가 없다는 계산에서다. …… 자기 일에 만족하는 사람들은 우리 회사와 우리 기업 문화의 최고 홍보 대사가 된다. 그들은 위올로지에 따라 살고 있고 그것이 사실임을 알기 때문이다.

피터 아세토, 탠저린 CEO, 《위올로지(Weology)》, (탠저린은 혁신적이고 매우 성공적인 캐나다 금융 서비스 기업이다.)

조직을 이끄는 사람들이 더 나은 리더가 되고자 노력하는 만큼 조직은 최고가 될 수 있다. 직원들은 우리의 첫 번째 고객이고 가장 중요한 고객이다.

매튜 켈리, 《드림 매니저》

가사 서비스 업체를 소재로 한 책에서 매튜 켈리는 모든 직원에게 꿈이 있으며, 흔히 그것은 직업과 직접적 관련이 없다는 논지를 펼친다(예를 들어 학업을 좀 더 이어가고자 하는 시간제 가사 도우미). 그리고 직원들이 꿈을 이루게 돕는 리더는 우수한 성과로 보상받을 것이며, 대체로 더 큰 커뮤니티의 구성 요소로 행동하게 될 것이다.

실천 사항 20E 여러분은 '직원의 꿈을 실현해주는' 일을 하고 있는가? 그렇다, 그것은 복잡한 일이므로 여러분이 100퍼센트 믿음을 갖고 수용하리라고 생각하지 않는다. 하지만 그 논리는 흠잡을 데가 없다. 그러니 '꿈의 실현'에 대해 진지하게 생각하면서 켈리의 책을 읽을 것을 고려해보는 영광을 내게 베풀어주었으면 한다.

> 우리는 신사 숙녀분들에게 서비스를 제공하는 신사 숙녀들이다.
>
> **리츠칼튼의 신조**

호텔 사업에서 일선 직원들은 역사적으로 '신사 숙녀'라기보다는 총알받이로 취급돼왔다. 회사의 신조로 문서화된 이 존중의 표시("우리는…… 신사 숙녀들이다")는 (매우) 대단한 것이다. (리츠칼튼은 높은 수익률은 물론이고 정기적으로 미국에서 근무하기 가장 좋은 회사 중 하나로 뽑히고는 한다.)

역설적이게도 호스트맨십(hostmanship: 고객 서비스, 우호적 태도, 환대를 통해 환영받는 느낌이 들게 하는 것을 일컫는 용어 – 옮긴이) 문화를 조성하는 경로는 고객을 통해서가 아니다. …… 진정한 호스트 맨십 리더들은 먼저 직원들에게 초점을 맞춘다. …… 우리는 (인수 즉시) 호텔을 살펴보고 '고려 사항의 보수(consideration renovation)'에 들어갔다. 화장실과 식당, 객실의 리모델링 대신 직원들에게 새 유니폼을 지급하고, 꽃과 과일을 사주고 얼굴빛을 바꿨다. 우리의 초점은 전적으로 직원에게 맞춰졌다. 우리가 행복하게 만들고 싶은 사람은 직원들이었다. 우리는 그들이 날마다 직장에서 맞이할 새로운 하루가 신이 나서 일어나기를 바랐다.

얀 권나르손 · 올레 블롬, 저자이자 경영 구루, 호텔 소유주

실천 사항 20F

'고려 사항의 보수'는 영감을 주는 용어다. 어떤가? (그리고 여러분의 고려 사항의 보수는 어떤 형태를 띠는가? 자세히 말해보라!)

▶▶ 환자는 두 번째다

수술을 받고 퇴원하면서 "와, 내가 본 최고의 봉합이었어!" 또는 "오, 수술해야 할 쪽 신장을 제대로 들어냈어!"라고 이야기하는 사람은 아무도 없다. 대신 자신을 돌봐준 사람들, 수술의 전 과정을 조율해준 사람들, 즉 접수 담당자부터 간호사와 외과의에 대해 이야기한다. 그리고 저녁 식탁에서만 이야기하는 것도 아니다. 친구와 동료와의 대화, 페이스북과 트위터 같은 소셜 미디어 사이트를 통해 우리의 경험을 공유한다.

폴 슈피겔만 · 브릿 베렛, 《환자는 두 번째다》 1장 '무엇이 가장 중요한가?'

▶▶ 즐거움 주식회사

이것은 급진적이고, 파격적이며, 거의 미친 비즈니스 아이디어처럼 들릴 수 있다. 그러나 우습게 들리겠지만 즐거움은 우리 일터의 핵심 신념이다. 즐거움은 미시간주 앤아버에 있는 맞춤형 소프트웨어 설계 및 개발 회사인 내 회사 멘로이노베이션(Menlo Innovations)이 존재하는 이유다. 즐거움은 우리가 하는 일과 그 일을 하는 방식을 규정한다. 즐거움은 우리 전 직원이 공유하는 한 가지 믿음이다.

리처드 셰리든, 《나는 즐거움 주식회사에 다닌다》

멘로는 '진짜'다. 허황된 공상이 아니다. 믿기까지 시간이 좀 걸렸지만 나는 멘로를 방문한 뒤로 열성 팬이 됐다. 늘 그렇듯 책을 한 번 획 읽는 것으로는 안 된다. 대부분의 독자에게 '즐거운 직장'은 억지스러운 개념 같을 것이다. 하지만 안 될 이유가 뭔가? (이 섹션에서 논의된 것들이 100퍼센트 그렇듯 즐거운 직장은 수익 창출을 보장한다.)

실천 사항 20G 꿈의 실현. 호스트맨십. 즐거움 주식회사. 범상치 않은 단어들이다. 나는 그런 용어들을 가능한 한 많이 인용했다. 극단적인

_____ 표현과 반복으로 나의 요점이 전달됐기를 바란다.

▶▶ 거부당해야만 했던 고객

> 귀사의 부사장이 형편없는 사람이어서 귀사의 일을 그만두려고 합니다. 그는 귀사 직원들은 물론이고 내 직원들도 가혹하게 대합니다. 그런 사람이 오길비앤드매더 직원들의 사기를 계속 꺾는 것을 용납할 수는 없습니다.
>
> 데이비드 오길비, 《데이비드 오길비 미출판 원고(The Unpublished David Ogilvy)》

▶▶ 요약: 사람이 '가장' 먼저라는 14가지 견해

- 풍요롭고 보람찬 삶을 제공해야 한다.
- 팀원 개개인이 성공하고 성장하고 번창하기를 그야말로 '간절히' 원한다.
- 개인이 성공을 경험하도록 상황을 조성하라.
- 이전보다 나은 배우, 꿈꿔왔던 이상의 배우로 성장할 수 있도록 하라.
- 섬김을 받는 이들이 더 건강해지고, 더 현명해지며, 더 자유로워지고, 더 자율적으로 되도록 한다.
- 직원들에게 훌륭한 서비스를 제공해야 한다.
- 고객이 직원보다 행복할 수는 결코 없을 것이다.

- 고객에게 감동을 줄 사람들부터 감동시켜야 한다.
- 25만 명 직원 개개인에게 신경 쓰자.
- 직원 개개인이 정말로 잘되고, 성공하고, 자기 일에 만족감을 느끼고, 성취감을 느끼고 성장할 수 있는 수단이 있는 문화를 구축하라.
- 직원들은 우리의 첫 번째 고객이고 가장 중요한 고객이다.
- 신사 숙녀분들에게 서비스를 제공하는 신사 숙녀들이 되도록 한다.
- 우리의 초점은 전적으로 직원에게 맞춰졌다. 우리가 행복하게 만들고 싶은 사람은 직원들이다.
- 즐거움은 우리 일터의 핵심 신념이다.

실천 사항 20H 이 섹션의 인용문들을 다시, 또다시 읽고 받아들이고 논의해보기를 바란다. 인용문들 모두가 사실상 '사람이 가장 먼저'라는 말을 똑같이 하고 있다.

'같은 이야기'를 14개나 인용한(이 책에 이런 경우는 또 없다) 이유는 이 아이디어의 중요성을 강조하고 매우 똑똑한 사람들 또는 리더들 가운데 '사람이 가장 먼저'라는 아이디어와 전략에 관해서는 진짜 '극단주의자'가 많다고 말하기 위해서다. 이 인용문들에 자세히 다루지 않은 사실은 사람을 가장 우선시하는 전략이 동종 기업을 능가하는 성장과 수익성이라는 경제적 결과를 가져온다는 것이다.

▶▶ 사람을 최우선시함으로써 얻게 되는 놀라운 성공을 다룬 책들

무엇보다 중요한 이 주제를 실행해온 사람들의 '확실한 증거'(만약 필요하다면)들을 담은 책들은 다음과 같다.

- 피터 셍크먼·캐런 켈리,《착한 기업이 1위를 한다(Nice Companies Finish First)》
- 컨테이너스토어 CEO 킵 틴델,《언컨테이너블》
- 라젠드라 시소디어·데이비드 울프·잭디시 세스,《위대한 기업을 넘어 사랑받는 기업으로》
- 제이넵 톤,《좋은 일자리의 힘》
- 멘로이노베이션 CEO 리처드 셰리든,《나는 즐거움 주식회사에 다닌다》
- HCL테크놀로지 CEO 비니트 나야르,《직원 우선주의》
- 로즌블러스인터내셔널 전 CEO 핼 로즌블러스,《직원 최우선의 원칙》
- 폴 슈피겔만·병원 CEO 브릿 베렛,《환자는 두 번째다》

4.21
시간제 근로자를 가족처럼

〈포천〉지는 1998년부터 2014년까지 '미국에서 가장 일하기 좋은 100대 기업'을 발표해온 16년 동안 해마다 그 안에 든 기업은 12개뿐이었다고 보도했다. 그동안 '슈퍼 12 기업'은 새로운 일자리 34만 1,567개를 창출했는데 이는 172퍼센트의 일자리 증가에 해당한다(슈퍼 12 기업 중 상장 기업은 주주 수익률도 전체 시장을 크게 앞질렀다).

슈퍼 12 기업

- 퍼블릭스
- 홀푸드
- 웨그먼스
- 노드스트롬
- 메리어트

- REI

- 포시즌스

- 시스코시스템즈

- 골드먼삭스

- SAS인스티튜트

- W. L. 고어

- TD인더스트리즈

일하기 좋은 100대 기업에 항상 들었던 12개 기업의 절반이 넘는(!) 1~7위까지의 기업은 이른바 불가피하게 낮은 임금 부문인 서비스산업에 속한다.

그들의 실적을 예로 들면 일반적으로 소매업계의 이직률은 65퍼센트지만 퍼블릭스(슈퍼 12 기업 중 7위 안에 든 슈퍼마켓 체인)의 이직률은 5퍼센트다.

2016년 일하기 좋은 100대 기업과 관련해 〈포천〉지는 다음과 같이 보도했다. "슈퍼 12 기업의 공통점은 단 한 가지다. 시간제 근로자들에 대한 대우가 후하다."

실천 사항 21 "시간제 근로자를 후하게 대우하라." 여러분의 회사는 어떤가?

4.22
그것이 모두에게 명백하지 않은 이유

▶▶ **벨리칙 감독님, 선수들이 매우 중요합니다**

뉴잉글랜드 패트리어츠는 유명한 비즈니스 컨설턴트인 톰 피터스에게 구단의 전면적 평가를 의뢰했다. 발표의 날이 왔다. 자신이 잘 아는 맥킨지 스타일인 수수한 짙은 색 정장에 점잖은 넥타이를 맨 피터스는 진지하게 말문을 열었다. "벨리칙 감독님, 몇 달간의 분석 끝에 동료들과 저는 선수들이 구단에 매우 중요하다는 결론에 도달했습니다." 그 순간 웃어야 할지 울어야 할지 알 수 없었던 벨리칙은 책상 위에 놓인 몇 개의 슈퍼볼 트로피 중 하나를 집어 들어 피터스에게 던지며 문간으로 밀어냈다.

기가 꺾인 피터스는 "선수들이 중요하다", "사람이 먼저다"라는 자신의 평가가 가치 있다고 생각했었다. 그런 평가 결과는 많은 냉철하고 현실적인 기업 고객이 비용을 치를 만한 사실일 터였다. 마케팅 교육을 받은 호텔 책임자라면 시장 세분화 전략(segmentation strategy)이나 마케팅 접근 방식이 문제일 것으로 예상하고 있었을 것이다. 회계 교육을 받은 은행가는 '너무 많은 경상비'에 대한 지적과 함께 감축할 수 있는 인원을 진단받으리라 예상했을 것이다. 하지만 피터스는 그런 말 대신 이렇게 말했을 것이다. "선생님, 직원들이 의욕이 없고, 그들에 대한 교육과 보상이 부족합니다. 그로 인해 아주 중요한 고객이 끊기고, 혁신 성과도 미미하고, 프로젝트 대부분이 대충 실행되고 있습니다." 즉, 피터스는 사람이 중요하다, 사람에게 더 많이 투자하라는 메시지로 중요한 고객인 호텔과 은행을 놀라게 했을 것이다.

"사람이 먼저"라는 진단에 대한 벨리칙의 반응: "내가 바보라고 생각합니까, 피터스 씨?"
"사람이 먼저"라는 진단에 대한 호텔리어와 은행가의 반응: "획기적인 아이디어네요!"
(그렇다, 과장된 이야기다. 하지만 솔직히 말해서 40년 이상의 내 경험에 비추어볼 때 그다지 심한 과장은 아니다.)

내 요지는 간단하다. 호텔(객실 정비부터 회계 담당까지), 소규모 컨설팅 회사, 엔터프라이즈 소프트웨어 회사, 너트와 볼트 공장, 원자력발전소 등의 일선 직원은 벨리칙 감독의 뉴잉글랜드 패트리어츠 미식축구 팀 선수들, 11차례 전국 우승을 차지한 다트머스고등학교 행진 악대, 내가 1966~1967년에 베트남에서 복무했던 미 해군 제9 기동 건설 대대의 장병 700명과 마찬가지로 중요하다.

미 해군

→ **사람이 먼저다.**

미국 하버드대학교 의과전문대학원 부속 매사추세츠종합병원

→ **사람이 먼저다.**

보스턴의 포시즌스호텔

→ **사람이 먼저다.**

다트머스고등학교

→ **사람이 먼저다.**

구글

→ **사람이 먼저다.**

애플

→ **사람이 먼저다.**

샌프란시스코 포티나이너스

→ **사람이 먼저다.**

코넬 빅레드 라크로스 팀

→ **사람이 먼저다.**

서머싯의 스바루

→ **사람이 먼저다.**

베이사이드의 레스토랑

→ **사람이 먼저다.**

댄쿡 잔디 및 정원 서비스

→ **사람이 먼저다.**

알겠는가???

**실천 사항
22** 지금부터 30분 안에 할 활동에 '사람이 먼저'라는 원칙이 반영

될까? 사람이 먼저다. 오늘 아침? 사람이 먼저다. 오늘 오후?

사람이 먼저다. 오늘? 사람이 먼저다. 내일? 사람이 먼저다. 영

원히. 그리고 언제까지나…….

4.23
세상을 조금 더 좋게 만드는 사람들의 부서

고백하건대 나는 '인적 자원'이라는 용어를 싫어한다. 1942년 11월 7일 아버지는 갓 태어난 내 얼굴을 보려고 분만실로 들어갔다. 어머니는 아버지를 보고 미소 지으며 말했다(나는 첫아이였다). "봐, 프랭크, 드디어 우리만의 인적 자원이 생겼어."

나는 톰 피터스다. 나는 '인적 자원'이 아니다. 당신(독자)은 앙투아네트 바네르지이지 '인적 자원'이 아니다.

인적 자원은 경멸, 역겨움, 모욕, 자기 패배적 느낌을 주는 단어다. 나를 '인적 자원'으로 이름 붙이고 취급한다면 기계적인 태만함으로 보답할 것이다. 대안은 무엇일까? 간단하다.

서로 발전하고, 성장하고, 성공하도록 돕고, 세상을 조금 더 좋게 만드는 멋진 사람들의 부서로 만들어라.

괜찮은가? 내 트위터 가족들은 수많은 리트윗과 함께 진심으로 '좋아요'를 눌러주었고, 이 말을 새긴 팻말 사진까지 올려준 사람도 여럿 있었다.

실천 사항 23 행동하라! 당장! 우리는 '인적 자원'이 아니다! 영구히 '인적 자원'이라는 용어를 쓰지 않겠다고 서약하라.

4.24
사람들은 '표준화'돼 있지 않다

팀원마다 역할이 다르다. 아무 스포츠 코치에게나 물어보라. 팀원마다 성장 단계의 다른 지점에 있다. 모든 팀원은 자신의 개인적 문제를 처리하고 있다. 비표준화 평가에 대한 탄원과 요구는 기업의 부사장, 골든스테이트 워리어스 선수들, 샌프란시스코 발레단 단원뿐만 아니라 스타벅스 바리스타들과 힐튼호텔 객실 정비 직원 등 모든 사람에게 적용된다.

▶▶ 평가에 관한 몇 가지 계명

기억하라. 당신은 '프로젝트 팀원'을 평가하는 것이 아니다. 오마르 칸, 재닛 야넬, 호세 살리비 네토 등등을 평가하는 것이다.

효과적인 평가는 6개월 또는 1년에 한 번씩 작성하는 평가

양식이 아니라 느슨하게 구조화되고 지속적인 일련의 대화에서 나온다.

상사들은 평가를 위한 대화를 한 시간 나누기 위해 최소 하루는 준비하는가? 그렇지 않다면 그 만남이나 평가받는 직원에게 진지하지 않은 것이다. 평가를 위한 대화를 나누고서 지치지 않은 상사는 충분히 대화에 투자한 게 아니다. 이것은 10배는 길게 이야기해야 하는 사항으로서 우리의 피드백 제공 기술은 9.1번 중 9번(9.01번 중 9번?)은 형편없다. 이 주제를 다룬 문헌이 꽤 있으니 반드시 읽도록 하라. 일부 슈퍼스타 전문가들은 사람들에게는 피드백이 아니라 다음 단계로 도약하게 해줄 격려가 필요하다고 단호하게 말한다. 다음을 생각해보라.

25년 넘는 비즈니스 경험을 통해 나는 끊임없는 피드백이 얼마나 해로울 수 있는지, 얼마나 분별력과 자신감을 앗아 가는지 알게 됐다. 또한 문제에 접근하거나 팀과 소통하는 방식에 관한 진정한 대화는 진심이기만 하면 우리의 고유한 본질을 육성하고, 역량을 키워 가능하다고 생각했던 것보다 멀리 도달할 힘을 준다는 것을 보았다. 이런 대화에서는 정해진 관례대로 따를 방법을 정확히 조언해주거나 고정관념에서 벗어나지 못한 생각을 지지해줄 수 없다. 관례와 고정관념을 버리고 전혀 알려지지 않은 것을 찾아야 한다.

이 글은 캐럴 샌퍼드가 쓴 《피드백은 그만(No More Feedback)》의 서문에서 옮긴 것이다. 연구가 잘된 독특하고 독창적이며 대단히 중요한 책이다. 샌퍼드는 본문을 다음과 같은 말로 시작한다. "처음부터 시인하건대 이것은 내가 *너무 싫어하는* 주제, 피드백에 대한 반대 견해다." (원문이 이탤릭체로 쓰여 있다.)

실천 사항 24 평가는 극히 중요하다. 평가에 대해 진지하게 배우도록 하라. (제발!) 27~47세인 사람이라면 당신과 당신의 평가 과정이 엉망이 됐다고 가정해보자. 1에서 10까지 점수를 매길 때 평가의 중요도는 10이고 당신의 준비도는 0에서 0.5였을 것으로 추정된다. (다소 부당한 말일 수도 있지만, 지식-중요성-준비도의 격차가 엄청났으리라는 것은 의심의 여지가 없다.)

4.25
승진은 기업의 사활이 걸린 결정이다

> 승진은 기업의 '사활이 걸린 결정'이다.
>
> 피터 드러커, 《경영의 실제》

아멘. 승진은 전략적인 기업의 결정에 따라 극히 조심스럽게 다뤄져야 한다고 시사하는 말이다.

나는 여러분이 승진 결정을 '진지'하게 내린다는 사실을 의심하지 않는다. 그러나 충분히 진지하지는 않으며, 특히나 일선 리더 직책의 승진에 대해서는 더욱더 그렇다는 강한 의심(확신?)이 든다(1.4 '일선 리더들은 기업의 제1 강점이다' 참조).

확실한 건 모든 승진은 '최고 경영자의 결정'이라는 사실이다. 여러분은 마리아나 마크, 사울, 하나 메이가 앞으로 5년 사이에 '최고 경영자 또는 구매부'로 승진하기를 원하는가? (그것은 매우 중요한 결정이다.)

승진 결정은 전략적으로 엄청난 영향을 끼친다. 제발(부디!) 그에 걸맞게 처리하도록 하라.

앞서 일선 책임자의 전략적 중요성 부분을 다룬 1.4 '일선 리더들은 기업의 제1 강점이다'를 간략히 검토하라. 일선 리더 충원을 위한 다음번 승진 결정보다 더 중요한 결정은 아무것도 없다. 그런 중요성에 맞게 행동하라!

4.26
극도의 직원 몰입도

극도의 직원 몰입도(Extreme Employee Engagement, EEE)는 고객 참여 수준을 극대화한다.

- EEE는 고객 유지를 극대화한다.
- EEE는 '고객'을 '팬'으로 만든다.
- EEE는 모험을 하고 실수를 해도 안전하게 만듦으로써 조직의 모든 수준에서 혁신과 혁신의 극대화가 가능하게 한다.
- EEE는 팀워크를 뒷받침하고 자극한다.
- EEE는 마찰을 줄이고 협력을 강화해 중요한 부서 간 소통 및 이와 관련된 혁신을 극적으로 끌어 올린다.
- EEE는 합작 사업의 품질을 향상한다.
- EEE는 협력과 소통을 강화해 생산성과 품질의 향상을 가져온다.

- EEE는 실행을 극적으로 향상한다.
- EEE는 AI 쓰나미에 대한 최선의 방어책이며, 전반적으로 AI를 적이 아닌 동반자나 동맹으로 만든다.
- EEE는 모든 것에서 휴머니즘을 자극한다. 이는 가까운 미래에 AI가 쉽게 모방할 수 없는 점이다.
- EEE는 이직률을 낮추고 인력을 안정화한다.
- EEE는 최고의 인재를 채용할 수 있게 만든다.
- EEE는 최고의 직원들이 조직에 남을 가능성을 훨씬 더 높여준다.
- EEE는 모든 이해관계자가 바라보는 회사의 평판을 높여준다.
- EEE는 지역사회와의 관계를 개선해준다.
- EEE는 인류에 대한 기여다.
- EEE는 출근을 고통이 아닌 즐거움으로 만든다.
- EEE는 리더들이 거울을 보고 미소를 지을 수 있게 해준다.
- EEE는 경쟁력 #1이다.
- EEE는 엑설런스의 기반이다. (EEE 없이는 엑설런스도 없다. 아주 간단한 문제다.)
- EEE는 독보적으로 오랫동안 지속 가능한 수익 극대화의 도구다. (회계 담당자는 주목하라.)
- EEE는 모두를 위한 (고액의) 예금액이다.

아주 긴 목록이다. 그러나 나는 이 목록이 과장된 것이 아니라고 굳게 믿는다. 간단히 말해서 EEE는 기업 성과를 높이는 데 독보적이며, 특히 현재 직면하고 있는 위기 속에서 'AI 쓰나미'를 앞지르면서 팀원들과 커뮤니티를 위해 옳은 일을 하게 해준다.

실천 사항 26
여러분의 부서와 조직, 회사의 EEE를 1에서 10까지 점수로 매긴다면 몇 점이나 될까? (성급한 답변은 금물이다. 'EEE 점수'는 아마 여러분의 직업 세계에서 가장 중요한 수치일 것이기 때문이다.)

4.27
인공지능은 적인가, 친구인가?

끊임없이 인용되고 있으며, 이 책에서도 언급했던 2015년 옥스퍼드대학교 연구에서는 인공지능(AI)이 향후 20년 동안 미국의 사무직 일자리의 50퍼센트를 위험에 빠뜨릴 것으로 예측했다. 전문가 대부분은 추정치가 너무 높다고 말하지만, 그 영향이 상당하리라는 사실을 부정하는 사람은 아무도 없다.

여기서 어떤 입장을 취할지 우리에게는 선택권이 있다. AI를 철천지원수로 볼 필요는 없다. 그 반대다. AI는 이 책에 제시된 아이디어의 채택을 크게 부추길 수 있다. 이 책에서도 소개한 최고 중 최고들은 과감하게 기술에 투자하지만, 대개 그 기술을 인간의 상호작용을 대체하기 위해서가 아니라 강화하기 위해 사용한다.

이를 묘사하는 용어가 AI 대 IA다. 다시 말해 인간을 배제하는 자율 지능(Autonomous Intelligence) 대 인간의 성과를 향상해주는 증강 지능(Intelligence Augmented)이다.

플로리다에 본사를 둔 원격 근무 및 업무 생산성 향상 소프트웨어회사인 오러포털(AuraPortal)은 회사 홈페이지에 증강 지능, 그리고 자율 지능과 증강 지능의 줄다리기를 다음과 같이 묘사했다.

인공지능은 사실상 모든 산업을 혼란에 빠뜨릴 가능성이 있다. 하지만 기술 회사들은 인간과 AI 활동을 결합해 비즈니스 가치를 더 높일 수 있다는 것을 이해하면서 다른 시각으로 AI를 생각하기 시작했다.

지능 증폭(Intelligence Amplification), 인지 증강(cognitive augmentation), 강화된 지능(enhanced intelligence)이라고도 불리는 증강 지능(IA)은 본질적으로 변형된 인공지능이다. 인공지능은 인간처럼 일하고 반응하는 기계를 만드는 것이지만, 증강 지능은 인간의 작업을 향상하기 위해 같은 기계를 다른 접근 방식으로 사용하는 것이다. 증강 지능은 더 큰 사업 가치의 달성을 위해 사람과 기계가 각각의 강점을 발휘하며 함께 협력하게 한다. 다시 말해 IA의 주목표는 인간이 더 잘, 더 똑똑히 일할 수 있도록 하는 것이다.

포래스터리서치의 수석 분석가인 셀 칼손은 AI로 신속히 비즈니스를 추진하게 하는 열쇠가 증강 지능이라고 말한다. 그는 "인공지능의 도입으로 발전하고 있고, 새로운 사업 가치를 빠르게 창출하고 그에 대한 성과를 내는 회사는 대개 직원의 삶을 개선하기 위해 AI 기술을 사용한다"고 설명한다. 그는 "증강 지능은 보통 인간의 지능을 대체하기 위해 AI를 사용하는 것보다 나은 접근법이다"라고 결론짓는다.

최근 몇 년 사이에 가치 창출 기준 AI 기술 순위에서 증강 지능은 가상 에이전트(virtual agents: 사용자와 지적 대화를 이어가는 컴퓨터 생성, 애니메이션 인공지능 가상 캐릭터)에 이어 2위에 올랐다. 그러나 가트너사(세계적인 정보 기술 연구 및 자문 회사 – 옮긴이)는 증강 지능이 다른 모든 유형의 AI 이니셔티브를 능가하면서 올해 1위로 올라서고 2025년에 이르면 폭발적으로 늘어날 것으로 예측한다.

이 책의 핵심이자 존재 이유인 사람이 중심인 탁월한 기업은 증강 지능/지능 증폭을 폭넓게 채택하는 쪽으로 크게 기울고 있다. 그리고 여기서 설명했듯이 증강 지능과 사람 최우선 원칙의 조합은 직원에게 이익이 되고, 제품과 서비스 차별화의 기초로 재무 성과를 크게 높여줄 수 있어 모든 면에서 최고다.

실천 사항 27

"인공지능이 코앞에 와 있다"는 외침이 들리면 숨으려고 도망가지 마라. 첫째, 지식을 습득하라. 기술 전문가든 아니든 AI와 IA를 공부하는 데 상당 시간을 할애하라. 개인적 우선순위로 삼고 당장 시작해야 한다. 기술 전문가든 아니든, 하급 직원이든 상급 직원이든, 중소기업이든 대기업이든 IA의 가능성을 검토하는 집단토론에 참여하라. 이러한 토론에는 고객과 공급 업체도 포함돼야 한다. 또한 직급이나 전문 분야에 상관없이 회사의 정보시스템 부서 사람들과 친해져라(아주 친해질 것을 권장한다).

한 번 더 이야기한다. 오늘 스마트 기술에 대한 지식을 습득하라. 내일로 미루지 마라.

4.28
사람 우선주의는 다른 것과 비교할 수 없다

어떻게 보면 세상은 대단한 거짓말쟁이다. 세상은 돈을 숭배하고 동경한다고 보여주지만 결국에는 그렇지 않다.

명성과 유명인을 숭배한다고 말하지만, 사실은 그렇지 않다.

세상은 선함을 동경하고 간직하며 잃지 않기를 원한다. 세상은 미덕을 동경한다.

마지막에는 관대함, 정직함, 용기, 자비, 잘 쓰인 재능, 세상에 가져와 더 나은 세상을 만든 재능에 가장 큰 찬사를 보낸다. 세상이 정말로 동경하는 것은 그런 것들이다. 그것들이 우리가 추도사에서 말하는 점들이다. 중요한 것들은 그런 것들이기 때문이다.

우리는 "조는 부자였습니다!"라고 말하지 않는다. 할 수 있다면 이렇게 말한다.

"조는 사람들을 잘 돌봐줬습니다."

페기 누넌, 저널리스트 팀 러서트의 삶과 업적을 다룬 '인생 교훈', 〈월스트리트저널〉

_____(당신의 이름)의 장점은······.

(코로나 이후 사회불안에 직면해 있는 만큼 이를 10배, 100배로 늘리도

록 하라.)

5

지속 가능성의 극대화

5.29
기후변화의 긴박성

지속 가능성(sustainability), 그것은 옳은 일이고, 현명한 일이며, 수익성이 있는 일이다.

헌터 로빈스(미국의 환경학자이자 저자, 지속 가능한 개발의 제안자—옮긴이)

적게 사고, 잘 고르고, 오래 사용하라. 양보다 질. 그것이 진정한 지속 가능성이다. 사람들이 허접한 것 대신 아름다운 물건만 샀다면 기후변화는 없었을 것이다!

비비언 웨스트우드(1970년대 펑크 문화를 이끌었으며 패션에 문화와 역사를 입혀 개성을 창조한 영국의 디자이너—옮긴이)

분명한 사실은 많은 관습과 관행이 현재 우리가 처한 상황에서 더 이상 유효하지 않다는 것이다. …… 많은 사회 및 환경 지표들이 현대의 생산 시스템과 소비 패턴이 물리적·윤리적·정신적으로 옹호될 수 없음을 너무나도 명백히 보여준다. 그러므로 우리는 미지의 영역으로 나아가 보다 환경친화적이면서 개인적으로나 사회적으로 풍요롭게 해줄 새로운 접근법을 모색해야 한다.

스튜어트 워커, 《디자인을 통한 지속 가능성(Sustainable by Design)》

대부분의 사람들이 기후변화가 급속도로 진행되고 있다는 데 동의한다. 세계적으로 엄청난 장기적·단기적 환경 피해에 관한 새로운 확실한 증거들이 나날이 쌓이고 있는 듯하다. 기업은 환경 파괴 대부분에 직간접적으로 책임이 있으며, 정부의 인센티브가 있든 없든 이러한 흐름을 역전할 책임이 있다.

실천 사항 29A 근본적 해결책이 정오까지 필요하다. 그리고 환경적 영향을 줄이는 데 기여할 비급진적 해결책은 대기업 전체는 말할 것도 없고 직원이 6명인 구매 부서와 9명인 재무 부서, 3인 사업장에서도 한 시간 안에 시작할 수 있다.

실천 사항 29B 회사나 부서의 규모와 관계없이 지속 가능성을 일상 어젠다로 상정하라. 이미 그렇게 하고 있지 않다면 우선 여러분 자신과 팀원들의 교육을 책임져라. 여러분이 형세를 역전하지는 못하겠지만 지금 바로 이 문제의 해결에 의식적이고 적극적인 역할을 할 수 있다.

첫 번째 단계로

1. 공식 성명이 없다면 비전 및 가치 선언문이나 이에 상응하

는 것에 지속 가능성을 추가하라.

2. 지속 가능성을 모든 전략 분석의 신중하고, 가시적이며, 공식적인 일부분으로 만들어라.

3. 지속 가능성은 모든 공식적 리더 평가의 일부가 돼야 한다.

▶▶ 추천 도서

- 대니얼 에스티·P. J. 시먼스,《그린 비즈니스에서 골드 비즈니스로(The Green to Gold Business Playbook)》
- 아론 크래머·자카리 카라벨,《서스테이너블 엑설런스》
- 프레야 윌리엄스,《그린 자이언츠(Green Giants)》
- 레이 앤더슨·로빈 화이트,《급진적인 기업가의 고백(Confessions of a Radical Industrialist)》
- 스튜어트 워커,《디자인을 통한 지속 가능성》
- 헬렌 키프니나·존 블루잇,《지속 가능한 비즈니스(Sustainable Business)》
- 레베카 프록터,《지속 가능한 디자인 북(The Sustainable Design Book)》
- 크리스틴 하퍼,《심미적 지속 가능성(Aesthetic Sustainability)》
- 미하엘 브라운가르트·윌리엄 맥도너,《요람에서 요람으로》
- 사티스 쿠마르,《우아한 단순함(Elegant Simplicity)》

6

부가가치 창출 전략 #1
익스트림 휴머니즘

디자인은 인간이 만든 창조물의 본질적 영혼이다.

가격이 가장 저렴한 회사는 오직 한 곳뿐이다.
나머지 회사들은 디자인을 활용해야 한다.

서론: 익스트림 휴머니즘 디자인

내 마음의 어느 구석에서 그것이 튀어나왔을까? 종종 그렇듯이 책 한 권이 떠올랐다. 구체적으로 말하면 〈파이낸셜타임스〉의 경영 칼럼니스트 크리스 로렌즈가 1987년에 쓴 《디자인 디멘션(The Design Dimension)》이었다. 내게는 신선한 통찰을 담은 책이었다. 나는 곧 그 책에 매료돼 빠져들었고 그때부터 34년간 디자인에 집착하고 있다. 그건 집착이었다. 아, 나는 엔지니어 중에서도 엔지니어라 미적 측면으로는 취약하다. 그러나 내 '디자인 감상 점수'는 1에서 10까지 점수를 매기자면 11점이다. 그 점수는 지난 몇 년 동안 더 치솟았다. 나는 미적 감수성과 감정적으로 매료되는 경험이 AI의 침입 같은 상황에서 '최상의 방어'가 아니라 그것에 맞서고, 나아가 통달하게 하는 '최상의 공격'이라고 생각한다.

내가 이해하는 디자인은 바로 '휴머니즘'이다. 사실 내가 좋아하는 용어는 '익스트림 휴머니즘(extreme humanism)'이다. 그리고 가장 중요한 건 익스트림 휴머니즘이 직원이 6명인 회사나 6,000명인 회사에 똑같이 적용된다고 믿는다는 것이다. 나는 익스트림 휴머니즘이 제품 개발팀만큼이나 구매와 판매, 회계 부서에도 적용된다고 믿는다. 여러분이 믿지 않을지 모르지만 나는 재무 보고서가 디자이너 의류만큼 잘 디자인될 수 있다고 생각한다. 수학 지식이 5학년에서 멈춘 사람도 이해할 수 있는 보고서, 눈을 뗄 수 없는 보고서, 복잡하지 않은 보고서, 전문용어는 전혀 없는 보고서, 매력적인 보고서, 여러분을 도망치게 하는 대신 끌어당기는 보고서로 말이다.

- 디자인/익스트림 휴머니즘은 삶이다.
- 디자인/익스트림 휴머니즘은 영혼이다.
- 디자인/익스트림 휴머니즘은 우리를 미소 짓게 한다.
- 디자인/익스트림 휴머니즘은 우리 파트너들을 미소 짓게 한다.
- 디자인/익스트림 휴머니즘은 우리를 자랑스럽게 만든다.
- 디자인/익스트림 휴머니즘은 시장 차별화 요소 #1이다.
- 디자인/익스트림 휴머니즘은 MRI에 부착된 작은 거울이다.

▶▶ MRI에 부착된 작은 거울

병원 설계자인 재닛 두건은 최근의 MRI(자기 공명 영상) 촬영 경험에서 영감을 얻었다. 그녀가 가만히 누워 기다리는 동안 머리 지지대 아래에 설치된 작은 거울이 눈에 들어왔다. 거울은 원통 안에서 방사선사를 볼 수 있고 눈도 마주칠 수 있도록 각도가 맞춰져 있었다. 그녀는 내게 이렇게 말했다. "정말 작은 거였어요. 그런데 그게 얼마나 큰 차이를 만들던지. 혼자라는 느낌이 덜하더라고요. 지지가 필요한 바로 그 순간에 다른 사람과 연결돼 있는 듯하니까요. 폐소공포증은 없지만 원통 밖을 볼 수 있으니까 마음이 상당히 진정됐어요. 방사선사는 친절했고 간호사는 나를 웃기려고 애쓰는 게 (보이더군요) ······ 나는 디자인이 치유 과정을 돕는 힘이 있다고 굳게 믿습니다. 건축가는 치유 과정을 바꾸고 삶을 변화시킬 수 있습니다. 하지만 MRI를 찍던 날 제게 정말로 위안을 준 것은 반창고만 한 작은 거울이었죠."

팀 레버레트, 프로그디자인 전 마케팅 책임자, 《설레게 하라》

6.30
마음에 남는 디자인

▸▸ **익스트림 휴머니즘/디자인 우선주의**

시간이 지나면(아마도 오래지 않아) 재화, 상품, 서비스의 생산은 거의 AI와 로봇공학을 결합해 해결할 것이다. 그러나 인간의 관여로 특징지어지는 차별화는 전적으로 가능하다. 현재 비교적 적은 수의 기업이 실천하고 있는 사고방식이 필요하겠지만 말이다.

그런 상황은 바뀌어야 한다. 내가 '익스트림 휴머니즘'이라고 이름 붙인 것이 새로운 세계 (성공) 질서가 돼야 한다. 익스트림 휴머니즘은 어디서나 디자인에 유의하는 마음(ubiquitous design-mindfulness)으로 가장 잘 표현되며, 이런 마인드는 모든 조직의 구석구석에서 실천될 수 있다.

익스트림 휴머니즘: 그는 자신에게 보트를 만드는 기술이 종교와도 같다고 말했다. 기술적인 세부 사항에 통달하는 것만으로 충분하지 않았다. 영혼이 빠져들어야 했다. 그것에 자신을 완전히 던져야 했다. 일을 끝내고 떠날 때 자신의 한 조각, 심장 한 조각을 영원히 두고 가는 느낌이 들어야 했다.

대니얼 제임스 브라운, 《1936년 그들은 희망이 되었다》에서 최고의 조정 보트 설계자이자 제작자인 조지 요먼 포칵에 대해 한 말

익스트림 휴머니즘: 당신이 "구매하는 것보다 훨씬 비싼 비용으로 우리만의 나사를 설계하고 제작할 것입니다"라는 사업 계획을 내놓는다면 세상의 모든 경영대학원은 당신을 낙제시킬 것이다. 하지만 이것들은 단순한 나사가 아니다. (네스트의) 온도 조절 장치 자체처럼 더 나은 나사, 대단한 나사, 더 깊은 의미를 지닌 나사다. 기능적으로 그것은 특정 형태로 나사선을 만들어 목재에서 석고, 얇은 판금에 이르기까지 거의 모든 소재에 들어간다. 또한 (맞춤형) 드라이버는 손에 쥐면 균형이 착 잡힌다. 그리고 네스트 로고가 있어서 '네스트 제품'처럼 보인다. 애플의 모든 제품이 '애플 제품'처럼 보이듯이 말이다.

리치 칼가아드, 《소프트엣지》 중 네스트의 창업자 토미 파델의 말

▶▶ 지속적 차별화를 가져오는 디자인

한 세기 이상 제조상의 문제를 해결하고, 비용을 절감하고, 상품과 서

비스를 널리 보급하고, 편의성을 높이는 등 다른 목표에 집중해온 우리는 세상을 특별하게 만드는 데 점점 더 몰두하고 있다. 더 많은 사람이 삶의 많은 부분에서 자기 사람과 장소, 사물의 모양과 느낌에서 즐거움과 의미를 끌어내고 있다. 기회가 있을 때마다 평범한 기능에 감각적이고 감정적인 매력을 더하고 있다.

버지니아 포스트렐, 《스타일의 전략》

- 익스트림 휴머니스트 디자이너로서의 리더는 상품과 서비스 및 그것의 개발자와 감정적으로 연결된다("대단한 나사, 더 깊은 의미를 지닌 나사").
- 익스트림 휴머니스트 디자이너로서의 리더는 더 큰 커뮤니티와 감정적으로 연결된다.
- 익스트림 휴머니스트 디자이너로서의 리더는 고객 및 판매업체와 감정적으로 연결된다.
- 고객과 판매업체는 익스트림 휴머니스트 디자이너로서의 리더와 감정적으로 연결된다.

나는 모든 리더가 사실상 디자이너가 돼야 하고 풍부한 디자인 감성을 갖고 있거나 그런 감성을 기르는 것이 채용 조건이 돼야 한다고 제안한다. 디자인 마인드, 익스트림 휴머니즘, 극도의 감정적 유대가 배어 있는 조직에서는 디자인 감수성이 외부의 유료 고객에게 직접 판매되는 제품이나 서비스뿐만 아니라 교육과정이나 소셜 미디어 캠페인, 호텔 객실 정비(콘래드 힐튼의 인생 교훈 1위인 욕조 안으로 샤워 커튼 넣기를 기억하라)에서도 분명하게 드러난다. (분명히 말해두자면 그렇다고 해서 모든 리더가 로드아일랜드 디자인스쿨이나 파슨스디자인스쿨, 스탠퍼드대학교 디자인스쿨 학위가 있어야 한다는 것은 아니다. 미적 감수성의 입증을 어느 정도 제안하는 것으로 취미로 오리 모형을 조각하는 회계사나 훌륭한 가정 요리사 정도면 된다. 이는 인문학 전공 졸업생을 더 많이 뽑고 금융이나 마케팅을 전공한 MBA를 덜 뽑으라는 나의 열렬한 호소가 확장된 것이기도 하다.)

실천 사항
30A

"영혼이 빠져들어야 했다. 그것에 자신을 완전히 던져야 했다.", "더 깊은 의미를 지닌 대단한 나사"라는 말을 깊이 생각해보기 바란다. 감정적으로 깊이 교감하는 익스트림 휴머니즘 디자인 마인드라는 개념을 내면화하기 위해서는 '대단한 나사'를 그냥 하는 표현이 아니라 디자이너와 모든 공식적 리더들이 세상, 제품 또는 서비스, 외부 또는 내부 고객을 대하는 아주 진지한 방식으로 보아야 한다.

1944년 6월 6일 노르망디 상륙이 첫 번째 디데이라면 나는 2011년 8월 10일을 제2의 디데이라고 부른다. 2011년 8월 10일 애플의 시가총액이 엑슨모빌의 시가총액을 넘어섰다. 디자인 중심 회사가 천연자원에 기반을 둔 회사를 제치고 미국에서 가장 가치 있는 회사가 된 것이다. 그 뒤로 디자인은 더 이상 '하면 좋은', '치장'으로 가볍게 볼 수 없게 됐다. 애플이 엑슨모빌을 앞질렀으니 다른 말을 할 수 없게 됐다.

이것이 지속 가능한 차별화의 본질이다. 이런 사고방식과 디자인에 몰두하는 생활이 여러분에게 자연스럽지 않을 수도 있다. 엔지니어이자 MBA인 나에게 그것은 자연스럽게 찾아오지 않았다. 하지만 바뀌어야만 한다. 내 경우《디자인과 인간 심리》와《감성 디자인》이 출판된 뒤 도널드 노먼 같은 사람들과 관계를 맺으면서 변화가 일어났다. 그 뒤 팰로앨토의 내 사무실이 세계적인 디자인 기업 IDEO의 설립자 데이비드 켈리의 옆 사무실인 큰 행운이 따랐고 그는 친구이자 디자인 멘토, 넛지 제공자가 돼주었다.

나는 사실상 '디자인 열차'로 뛰어든 사람이다. 내 아내는 섬유 및 태피스트리 예술가다. 나는 예술가는 아니지만, 디자인 엑설런스와 감성 디자인에 대한 공감과 지지는 하늘을 찌를 듯 아주 높다. 그리고 지금은 익스트림 휴머니즘의 개념으로 디자인을 더 강조하고 있으며 시대를 고려할 때 더 긴급한 문제라고 본다.

실천 사항 30B 어떻게 해서든 (신나고, 긴박하고, 차별화를 가져오는) 익스트림 휴머니즘 모험에 나와 함께해주기를 바란다. 우리의 직업 생활과 우리 동료들의 직업 생활이 거기에 달려 있다!

6.31
디자인은 우리 자신이다

> 셰이커 의자의 독특한 우아함은 천사가 내려와 거기에 앉을 수도 있다
> 는 믿음을 가진 사람이 만들었기 때문이다.
>
> 에드워드 데밍 앤드루스, 페이스 앤드루스, 《나무의 종교(Religion in Wood)》 중
> 토머스 머튼의 말

실천 사항 31A 이를 여러분의 영역, 예를 들어 구매 부서, IS 부서, 3인 회계 사무실에 적용할 수 있을까? 내 대답은 분명하다. "그렇다!"

실천 사항 31B "천사가 내려와 거기에 앉을 수도 있다는 믿음"을 신제품 또는 교육과정에 적용할 수 있을 때까지 자리를 뜨지 말고 토론 하라.

인류가 이룩해온 가장 위대한 것들을 경험한 다음 자신이 하는 일에 그것을 도입하려고 노력하라.

스티븐 데닝, '더 로스트 인터뷰: 스티브 잡스가 말해주는 정말 중요한 것들'에서 스티브 잡스의 말, 〈포브스〉

어떻게 보면 우리는 실은 (디자인에 대한) 배려로 인류에 봉사하고 있는 것이다. 사람들이 어리석은 생각이라고 여길지 모르지만 그게 목표다. 우리는 조금이라도 문화에 공헌할 수 있기를 바란다.

조너선 아이브, 애플 최고 디자인 책임자

남편과 조너선 아이브는 모서리에 대해 몇 시간이고 논의하곤 했다.

로린 파월 잡스

우리에게는 이것을 이야기할 적절한 언어가 없다. 사람들 대부분의 어휘에서 디자인은 겉치장을 의미한다. 그러나 내게 디자인의 의미는 그런 것들과 거리가 멀다. 디자인은 인간이 만든 창조물의 본질적 영혼이다.

스티브 잡스

최근에 기억나는 신차 중에 이보다 더 미소를 짓게 하는 차는 거의 없었다고 할 수 있다.

토니 스완, 미니 쿠퍼 S 리뷰, '시승 소감', 〈뉴욕타임스〉

BMW에서 디자인은 종교처럼 취급된다.

앨릭스 테일러, '독자 노선을 택한 BMW', 〈포천〉

스타벅스는 낭만이 아닌 효율적 운영에 치우치게 됐다. 우리는 회사의 영혼을 잃었다.

하워드 슐츠, 〈파이낸셜타임스〉와의 인터뷰에서 그에게 CEO 자리를 되찾게 해준 스타벅스의 문제점을 언급한 부분

'낭만'과 '영혼'은 디자인과 익스트림 휴머니즘이 중심인 회사의 전 조직에 생기를 불어넣는다. 그리고 이 역시 스타벅스나 애플, BMW와 마찬가지로 9명이 소속된 교육 부서나 2명이 운영하는 컨설팅 회사에도 해당한다.

마케팅 임원으로서 나는 비즈니스가 인간이 기획한 가장 위대한 모험은 아니더라도 위대한 모험 중 하나라고 본다. 하지만 나는 사업가이기만 한 것은 아니다. 공공연한 낭만주의자이기도 하다. 우리가 좀 더 낭만적으로 산다면 세상이 더 살기 좋은 곳이 되리라고 믿는다. 나는 감정이 이성을 쉽게 침범한다고 믿는다. 나는 몽상가나 이상주의자나 사회 운동가가 아니다. 비즈니스 로맨티시스트다.

팀 레버레트, 《설레게 하라》

"인간이 기획한 가장 위대한 모험", "공공연한 낭만주의자", "비즈니스 로맨티시스트", "감정이 이성을 쉽게 침범한다"는 말을 고려하고 숙고해보라. 내가 볼 때 이 문구들 가운데 과장된 것은 하나도 없다. 이 모두는 '익스트림 휴머니즘' 아이디어와 일치하며, 이는 반복하건대 AI 시대에 최고의 차별화 요소다. 어쩌면 극단적 견해겠지만 나는 또한 디자인에 관한 이러한 아이디어들이 코로나19와 싸우고 있는 끔찍한 시기에 특히 적합하다고 본다. 누누이 강조했듯이 훌륭한 디자인은 배려의 문제이며, 감정 없는 '최저 비용과 최저 인력' 서비스를 뒤로하고 사람들의 삶을 풍요롭게 하는 제품과 서비스의 생산에 전념하는 조직이 되는 것이다.

▶▶ 익스트림 휴머니즘: 러브마크

주주들은 자신들이 투자한 브랜드를 좋아하는 일이 극히 드물다. 그리고 그들은 친밀한 관계를 절대로 원하지 않는다. 자신들의 판단을 왜곡시킬 수 있다고 생각하는 까닭이다. 그들은 측정 가능성, 수익 증가를 (항상) 원하고 불의의 상황은 (절대) 없기를 바란다. 그렇게 많은 브랜드가 자신들을 놀라운 성공으로 이끌었던 감정적 끈을 잃고 숫자만 따지는 수준 낮은 회사로 바뀐 것도 당연하다.

가슴이 아니라 머리가 작용하고 있다는 징후를 경계하라. ……

내가 사랑과 애정이 기업 혁신의 길이라고 처음 제안했을 때 성인인 최고 경영자들이 얼굴을 붉히며 연간 회계장부 뒤로 몸을 움츠렸다. 하지만 나는 그들에게 계속 말했다. 나는 실종된 것은 애정임을 알았다. 애정만이 감정의 온도를 올려 브랜드들에 필요한 새로운 관계를 만드는 유일한 방법임을 알고 있었다. 애정만이 소비자에 대한 통제권의 급격한 변화에 기업이 대응할 수 있는 유일한 방법임을 알고 있었다.

케빈 로버츠, 사치앤사치 전 CEO, 《러브마크(Lovemarks)》

▶▶ 조직 전체에 나타나게 하라

팀 레버레트는 《설레게 하라》에서 다음과 같이 이야기한다.

우리 팀에 합류할 비즈니스 로맨티시스트를 찾습니다. 비즈니스 로맨티시스트는 CEO의 직속으로 동료와 고객, 공동 사업자, 사회 전체가 비즈니스 세계의 아름다움을 신선한 시선으로 볼 수 있도록 돕게 될 것입니다. 비즈니스 로맨티시스트는 희망을 전략으로 채택해 더욱 복잡해지고 파편화된 직장과 시장에서의 대화를 누구나 이해할 수 있는 이야기로 정리해 제시해야 합니다. 비즈니스 로맨티시스트는 자산과 투자 수익에 초점을 맞추는 대신 회사에 숨어 있는 보물을 발굴하고 지역사회에 환원하게 해야 합니다. 비즈니스 로맨티시스트는 비즈니스가 가장 영향력 있는 인간 활동이라는 향수 어린 신뢰를 회복하고, 대내외적으로 의미와 즐거움, 재미가 풍부한 브랜드와 직장 경험을 제공하는 '중대한 행위(acts of significance)'를 개발, 설계, 시행해야 합니다. 강력한 기업가적 추진력과 세련된 취향을 지니고 있고 측정할 수 없는 것들을 관리한 경력을 입증할 수 있는 자발적인 사람을 찾습니다. 구체적 책무에는 다음과 같은 것들과 그 이상이 포함됩니다.

실천 사항 31D 이것은 압도적 반응을 얻은 실제 채용 공고였다. 여러분의 조직은 어떤가? '비즈니스 로맨티시스트'를 찾을 준비가 됐는가?

중요하고도 긴급한 이 아이디어는 다른 무엇보다도 채용 관행으로 직결돼야만 한다. 즉 디자인 마인드와 익스트림 휴머니즘에 대한 인식을 기업 전체에 침투시키려면 적절한 배경과 경험을 가진 이들을 구석구석에 배치해야 한다. 인사부나 재무부의 정규직 직원이 반드시 디자인학교 졸업생이어야 한다는 말은 아니다. 하지만 나는 매우 직접적으로 인사부나 재무부의 채용 후보를 고려할 때 미술이나 연극 전공자, 이력서에 예술에 대한 지속적 관심이 엿보이는 사람을 눈여겨 볼 것을 제안한다. 회사 전체에 디자인 마인드가 퍼지기를 원하는가? 이력서상으로 디자인 감성과 성향을 적절히 입증한 사람들을 조직 전체에 채용하라. (이를 회사 전체의 승진 결정에도 적용한다면 이런 개념이 2배 또는 그 이상 확산될 것이다.)

모든 부서에서 심미적 성향을 지닌 사람을 채용하라. 그 기준을 공식화하라.

▶▶ 천사가 내려와 거기에 앉을 수도 있다는 믿음

다음은 방금 살펴본 내용 중 주목할 만한 문장들이다.

- 심장 한 조각을 영원히 두고 가는
- 대단한 나사, 더 깊은 의미를 지닌 나사
- 천사가 내려와 거기에 앉을 수도 있다는 믿음
- 모서리에 대해 몇 시간이고 논의
- 배려로 인류에 봉사하고 있는
- 인류가 이룩해온 가장 위대한 것들을 경험한 다음 자신이 하는 일에 그것을 도입
- 이보다 더 미소를 짓게 하는
- 종교
- 낭만주의
- 본질적 영혼
- 감정이 이성을 능가한다.
- 비즈니스 로맨티시스트를 찾습니다.
- 자신보다 위대한 것을 만들어라.
- 러브마크

- 애정만이 소비자에 대한 통제권의 급격한 변화에 기업이 대응할 수 있는 유일한 방법

실천 사항 31F 부디 숙고하라.

▶▶ 모든 업무에서 디자인을 생각하라

> 디자인이 전부다.
>
> 모든 것이 디자인이다.
>
> 우리는 모두 디자이너.
>
> 리처드 파슨, 《디자인의 힘(The Power of Design)》

> 통상의 디자인은 제품 출시까지 일련의 과정에서 세로줄 같다면 애플에서 디자인은 모든 대화에 들어가는 긴 가로줄과 같다.
>
> 이안 파커, '앞으로 등장할 물건들의 형태' 중 애플의 디자인 최고 책임자 로버트 브루너의 말, 〈뉴요커〉

디자인은 모든 의사 결정, 모든 대화에서 무의식적으로 고려된다. 어려운 일이다! 그러나 여러 번 반복하지만(그만큼 내가 중시하므로), 우리가 하는 모든 일, 모든 조직에서 익스트림 휴머니즘에 입각한 디자인 마인드를 갖는 것이 앞으로 차별화 요소 1위라는 사실에는 의심의 여지가 없다.

▶▶ 디자인은 어디에나 존재한다

- 로비
- 화장실!
- 콜 센터의 대화
- 모든 비즈니스 프로세스의 '지도'
- 모든 이메일과 전자 메시지
- 모든 회의의 어젠다와 환경
- 사무실에 들어간 뒤 첫 5분, 재택근무와 줌 회의의 첫 3분
- 모든 고객과의 연락
- 모든 승진 결정에서의 고려 사항
- 어디에나 존재하는 '미적 감성'
- 오늘 아침의 현장경영 또는 줌을 통한 현장경영
- 제품과 서비스가 인류에 끼치는 가치에 대한 우려

그 밖에도 모든 곳에 존재한다.

실천 사항 31G 여러분과 여러분의 동료들은 디자인에 대한 이런 포괄적 관점이 매력적이라고 믿는가? (자세히 논의하기 바란다.)

6.32
청결함뿐 아니라
아름다움과 자연스러움까지

리큐는 아들 쇼안이 정원 길을 비질하고 물을 뿌리는 모습을 지켜보고 있었다. 쇼안이 일을 끝냈을 때 리큐는 "아직 말끔하지 않구나"라고 말하며 다시 하라고 지시했다. 한참 후 아들이 리큐를 향해 말했다. "아버지, 더는 할 일이 없습니다. 징검돌을 세 번이나 씻어냈고, 화분과 나무에도 물을 충분히 주었고, 이끼도 싱싱한 푸른빛을 띠고 있습니다. 나뭇가지나 잎사귀 하나도 남겨두지 않았습니다." 그러자 다도 장인인 리큐가 꾸짖었다. "어리석은 놈, 정원 길은 그렇게 비질하는 게 아니다." 그렇게 말한 리큐는 정원으로 들어와 나무를 흔들어 황금색과 진홍색 잎사귀들을 흩뿌려 가을의 정취를 더했다! 리큐가 요구한 것은 청결함만이 아니라 아름다움과 자연스러움이었다.

오카쿠라 카쿠조, 《차 이야기》

▶▶ 의미, 직관, 침묵, 성찰, 현지화, 조화, 시간을 고려하는 디자인

> 디자인이 현대 문화에 실질적인 공헌을 하려면 대개는 사소한 문제들에 대한 도구적 해결책을 넘어서야 한다. 가구 디자인에서부터 가재도구까지, 가전제품에서부터 서비스까지, 세속적인 것들을 사용하는 데서 오는 '기쁨'과 '즐거움'의 창출이라는 디자인에 대한 관습적이지만 빈약한 포부는 우리에게 끝없는 신기함, 그 이상을 주지 못한다. …… 디자인은 우리를 서로와 세상 자체로부터 단절시키고 무력화하는 그런 욕망의 장치 이상이 돼야 한다. …… 오늘날 디자인은 우선순위와 가치, 의미 등 상당히 다른 질문들을 해야 한다. 그리고 그에 대한 답을 찾기 위해서는 실제 만남과 살아 있는 경험의 세계를 살펴봐야 한다. …… 디자인은 의미, 직관, 침묵, 성찰, 현지화, 조화, 시간에 신경 써야 한다.
>
> **스튜어트 워커, 《삶을 위한 디자인(Design for Life)》**

> 가격이 가장 저렴한 회사는 오직 한 곳뿐이다. 나머지 회사들은 디자인을 활용해야만 한다.
>
> **로드니 피치, 《피치의 소매 상품 디자인(Fitch on Retail Design)》**

▶▶ 익스트림 휴머니즘의 시작

감성 디자인, 익스트림 휴머니즘, 낭만주의 등은 정말로 중요한 아이디어들이다. 다음 책들을 읽어보라.

- 도널드 노먼,《감성 디자인》
- 가이 가와사키,《가이 가와사키의 시장을 지배하는 마케팅》
- 케빈 로버츠,《러브마크》
- 팀 레버레트,《설레게 하라》
- 스튜어트 워커,《삶을 위한 디자인》

실천 사항 32A 이 책에서 이보다 더 숙고해야 할 주제는 없다.

▶▶ 우리에게 남은 것은 우리 인간이다

나는 EQ와 공감, 익스트림 휴머니즘, 직원 참여의 극대화에 관한 이야기를 많이 한다. 조직은 전통적으로 논리에 기반을 둬왔다. 경영대학원은 논리를 설파한다. 그런데 AI는 그 모든 것을 거의 앗아갈 것이다. 우리에게 '남은 것'은 우리다. 인간다움을 추구하고 소프트한 요소에 치중해야 한다.

▶▶ 극한의 시간, 지금 적합한 도메인명

- ExtremeHumanism.com
- ExtremeSustainability.com

- ExtremeCommunityEngagement.com

- ExtremeEmployeeEngagement.com

- ExtremeDesignMindfulness.com

- RadicalPersonalDevelopment.com

- HumanismOffensive.com

- FerociousListening.com

- AggressiveListening.com

실천 사항 32B 나는 이들 URL 각각을 본격적인 운동으로 바꾸고 싶다. 자원봉사자 모집! (또한 이 항목들이 일상 조직 생활에서 주도적인 역할을 하기를 염원한다. 그리고 돈키호테의 임무 같겠지만 이것들이 MBA 교육과정의 상단에 올라가기를 염원한다.)

7

부가가치 창출 전략 #2

TGR을 높여라

7.33
작은 것이 큰 것보다 중요하다

▶▶ **8퍼센트와 80퍼센트의 간극**

'우수한' 서비스를 경험했다고 묘사하는 고객: **8퍼센트**

'우수한' 서비스 경험을 제공한다고 묘사하는 회사: **80퍼센트**

베인앤드컴퍼니에서 362개 회사를 대상으로 시행한 조사 결과

▶▶ TGR 높이기에 나서라

이러한 '8-80 간극'은 TGR(Things Gone Right), 즉 제품과 서
비스의 매력도를 높여줌으로써 메울 수 있다. 역사적으로
TGW(Things Gone Wrong), 즉 불량은 특히 자동차산업에서 첫
째가는 품질 척도였다. 품질은 여전히 가장 중요하지만, 요즘
제품들 대부분이 훌륭히 작동하기 때문에 낮은 불량 점수는 필

수이지 더 이상 과거처럼 강력한 차별화 요소가 아니다. 따라서 나는 방정식을 긍정적인 방향으로 뒤집어 TGR을 높여 차별화를 꾀해야 한다고 제안하려 한다. TGR 높이기는 앞서 논의한 디자인 마인드와 함께 내가 선택한 앞으로 고수해야 할 주요 차별화 동인이다. 내가 선호하는 방식은 영향력에 있어서는 전략적이지만 전술적 수준에서 제품과 특히 서비스를 조금씩 수정하고 또 수정하고, 다듬고 또 다듬어 고객의 '기쁨'과 '팬'과 '우리 없이 살 수 없는' 고객을 만들어내는 것이다. 그리고 가장 중요한 점은 회사의 모든 구성원이 만족도 높이기에 기여하는 것이다. TGR 높이기는 '영원히' '모두가 손을 보태야 하는' 일이다!

실천 사항 33A 여러분도 8-80 간극의 문제를 겪고 있는지 공식적·비공식적으로 판단하라. 대기업에서는 비용과 시간이 많이 드는 작업일 수 있다. 하지만 그럴 가치가 있다. 작은 회사라도 모종의 수량화된 측정을 해보기를 제안한다. 그리고 이 책에서 늘 말했듯이 이를 고객을 상대하는 부서뿐만 아니라 내부 부서에도 똑같이 적용하도록 하라.

실천 사항 33B 평가 결과를 갖고 모든 직원이 활발히 참여하는 TGR 높이기 문화를 모색하고 실천하라. 시작은 '오늘'부터, 끝은 '없다'.

7.34

최고가 돼라
혼잡하지 않은 시장은 그곳뿐이다

조지 웨일린의 《장사는 차별화다》는 명저다. 이 책은 대형 할인점들은 물론이고 아마존과도 맞붙어 완승한 독보적이고 창의적인 25개 자영 소매점의 사례를 다룬다. 이들 각각은 자신들만의 "지구에서 가장 위대한 쇼"를 감독, 제작하고 있다. 그중 오하이오주 페어필드의 쇼퍼테인먼트 정글짐스 인터내셔널마켓의 사례를 살펴보자.

다음은 《장사는 차별화다》에서 발췌한 내용이다.

쇼퍼테인먼트(Shoppertainment)의 모험…… 75개국에서 수입한 15만 개의 식품을 구비한 2만 7,800제곱미터의 상점을 1주일에 전 세계에서 5만 명이 방문한다.

- 2미터 높이의 움직이는 사자 인형이 엘비스 프레슬리의 〈교도소 록(Jailhouse Rock)〉을 불러 젖혀 쇼핑객들을 즐겁게 해준다.
- 영국산 식료품 코너의 셔우드 숲(영국 왕실림 – 옮긴이) 전시물에는 말하는 로빈후드까지 있다.
- 델리 코너 위에는 옛날 배송 트럭이 걸려 있다.
- 중국 식료품 코너에는 실물 크기의 인력거가 놓여 있다.
- 정육 코너에는 아미시(Amish: 현대 문명을 거부하고 18세기 말쯤의 소박한 생활을 고수하는 미국의 기독교 일파–옮긴이) 마차가 있다.
- 1,400가지나 되는 핫소스 진열대 꼭대기에는 옛날 소방차가 놓여 있다.
- 사탕 코너에는 사탕이 가득한 코니아일랜드 놀이공원 범퍼카가 있다.

그리고 내가 선정한 정글짐스의 최상위 차별화 요소는 바로 이것이다.

상점 입구 쪽에는 식품점이 아닌 공사장에 있을 법한 남자용·여자용 간이 화장실이 2개씩 보인다. 하지만 입구는 속임수일 뿐 고객들이 문을 열고 들어가는 순간 아름답게 꾸며진 화장실을 발견하게 된다.

이런 창의적 시설은 2007년 화장실 청소용품과 위생용품 공급업체인 신타스사가 후원한 제6회 '미국 최고의 화장실' 선발 대회에서 최고로 인정받았다.

내가 소매상이라면 유명한 볼드리지상(Baldridge Award: 1987년 미국 의회에서 제정한 품질경 영상으로, 리더십, 전략적 계획 수립, 고객과 시장에 대한 태도, 정보 관리와 분석, 인력의 개발과 관리, 프로세스 관리, 사업 성과의 7가지 기준으로 선정되며, 미국의 최장수 상무부 장관 맬컴 볼드리지의 이름을 따서 만들어졌다 – 옮긴이)을 포함한 그 어떤 상보다 이 상을 받고 싶을 것이다!

실천 사항 34A

정글짐스를 여러분의 롤 모델로 삼아라! 여러분의 상상력을 마구 펼쳐라! TGR을 높여줄 방안을 어디서든 찾아라. 특히 뜻밖의 장소를 잘 보라. 최소 20가지 '미친 아이디어'를 '도용할' 때까지 쉬지 마라. 모두 참여시켜라!

오늘 시작하라.

영원히 반복하라.

7.35
TGR 높이기를 문화적 특성으로 만들어라

소소하고 사소한 서비스가 가슴 깊이 감사함을 불러일으킨다.

헨리 클레이(노예제를 둘러싼 남북 대립과 미주리주의 연방 가입 논쟁에서 타협을 이끌어내 '타협의 명수'로 불렸던 미국의 정치인—옮긴이)

이것은 1977년 '작은 승리'를 다룬 내 박사 논문에서 시작된 책 《리틀 빅 씽》에 쓴 명구이자 내 인생의 지침이었다. 사소한 서비스(TGR)에 대한 기억은 평생 가기 쉽다는 것은 연구를 통해 입증된 사실이다!

소소한 감정이 우리 삶의 위대한 선장임을 잊지 말자.

빈센트 반 고흐

그리고 이 책의 시작 부분인 '엑설런스'에 나오는 명구도 기억하라.

> 우리는 그날을 기억하는 것이 아니라 그 순간을 기억한다.
>
> 체사레 파베세, 시인

> 사소한 일들이 큰일들보다 중요하다.
>
> 헨리 클레이 · 빈센트 반 고흐 · 체사레 파베세 · 톰 피터스(나도 시인의 자격을 약간 얻었다.)

"작은 것에 집착하기"는 문화가 돼야 한다. 즉, 가장 중요한 차별화 요소인 작은 것들에 신경 쓰고 집착하는 데 전원이 참여하는 환경이 만들어져야 한다.

실천 사항 35A 사실 작은 것들이 큰 것들보다 중요하다는 점을 납득시키기는 힘들다. 우리에게 '돌파구'와 '블록버스터 전략'을 달성해야 한다는 생각이 주입된 탓이다. 그렇다면 전체 조직이 미세한 TGR에 열중하도록 바꿀 방법은 무엇일까? (내가 볼 때 이것은 반드시 지금 해야만 하는 일이다. 이 책에서 이보다 더 중요한 것은 별로 없다.)

실천 사항 35B 린다 카플란 탈러와 로빈 코발의 《유쾌한 나비효과》와 아데코그룹(Adecco: 세계 최대 다국적 종합 인력 서비스 회사 – 옮긴이)에

근무했던 스티브 해리슨의 책《관리자의 예의(The Manager's Book of Decencies)》를 꼭 읽도록 하라.

▶▶ TGR의 중시는 익스트림 휴머니즘의 기반이다

TGR 높이기는 일회성 행위로는 안 된다. 그것은 조직 전략의 산물이며, 특히 직원의 100퍼센트가 엄청난 누적적 차이를 가져오는 터치를 '허락' 없이 일상적으로 발명하고 더할 수 있도록 격려하고 지원하는 문화의 산물이다. 이는 익스트림 휴머니즘의 버팀목이나 다름없다.

- TGR 높이기는 직원의 자발성을 지원한다. "그래, 한번 해 봐"라고 해준다.
- TGR 높이기는 지속적인 '박수갈채'를 특징으로 한다. 즉, 새로운 것을 시도하는 사람들, 한층 노력하는 사람들을 정기적으로, 공개적으로 인정해준다.
- TGR 높이기는 깊이 내재된 삶의 방식이 된다.
- TGR 높이기는 높은 수익을 보장한다.

각각은 작을지 몰라도 TGR의 집합은 효과적이다.

왁자지껄 활기차게 'TGR 높이기에 나선 조직(소규모 또는 거대한 여러분의 조직)'은 어떤 모습일지 그려보라. 첫발을 내딛겠는가? (다시 말하지만 이것은 대단히 중요한 일이다.)

TOPIC

8

부가가치 창출 전략 #3
가장 초점을 둬야 할 것들

8.36
가격보다 품질,
원가보다 매출에 집중하라

견해 #1: 《탁월함은 어떻게 만들어지는가(The Three Rules)》

1. 가격보다 품질을 중시하라.

2. 원가보다 매출에 집중하라.

3. 다른 법칙은 없다.

딜로이트의 컨설턴트들은 2만 5,000개 회사의 45년간 실적을 표본으로 해서 슈퍼스타 회사 27곳을 선정한 결과 3가지 규칙을 찾아낼 수 있었다. 마이클 레이너와 뭄타즈 아메드는 함께 책을 쓰면서 이를 제목으로 정했다.

견해 #2: 실적이 우수한 기업들에서 발견한 점들을 설명한 기사, '무서운 경제를 지배하는 3가지 전략'

> 가치(단기 수익이 아닌 장기적 가치)를 관리한다.
>
> 철저히 고객 중심 회사다.
>
> 인적 자본을 계속 개발한다.
>
> 제프 콜빈, 〈포브스〉

특히 단기적인 주주 가치 극대화를 고집하는 〈포천〉지 선정 500대 기업 같은 대기업에서는 비용 및 인력 절감을 '전략상 중요한' 전술로 선호하는 경우가 너무나 많다. 하지만 여기서 살펴본 두 가지 광범위하고 신뢰도 높은 분석에서는 탁월한 제품과 서비스를 통한 매출 증대가 최고의 전술인 것으로 밝혀졌다.

**제품과 서비스를 통한 매출 증대가
최고의 전술이다**

9

부가가치 창출 전략 #4

차별성 없는 상품은
필요 없다

VALUE-ADDED STRATEGY #4

THERE NEED BE NO SUCH THING AS A COMMODITY

9.37
차별화로 가치를 높여라

▶▶ 주차장 엑설런스: 카키텍처

윌리엄 테일러의 훌륭한 책《차별화의 천재들》에는 1111 링컨로드 이야기가 나온다.

1111 링컨로드. 이 주소는 마이애미 해변의 랜드마크다. 예를 들면 당시 마이애미 히트뿐 아니라 세계 최고의 농구 선수였던 르브론 제임스가 자신의 11번째 시그니처 나이키 농구화가 출시될 때 요란한 선전을 펼친 곳도 1111 링컨로드였다.

그렇다면 이 특별한 주소는 뭘까? 바로 자동차 300대를 세울 수 있는 주차장이다!

부동산 개발업자인 로버트 웬네트는 "링컨로드의 본래 비전을 1910년을 배경으로 재해석"하고 싶었다. 이를 위해 우선 세계적으로 유명한 스위스의 건축가 헤르조그와 드뫼롱에게 설계를 맡겨 재단장했다. 그 결과물이 한 언론인의 말처럼 "고급 건축과 자동차 보관의 상상할 수 없는 결합"인 '카키텍처(carcitecture)'였다.

1111 링컨로드의 많은 특징 가운데 대표적인 것은 공공 미술 작품과 웅장한 계단이다. (매일 아침 많은 사람이 거기서 조깅을 한다. 그런 다음 다수는 요가 수업을 들으러 주차장 안으로 들어간다.) 웬네트는 그곳을 "경험을 제공하고 이야기를 들려주는 큐레이팅 공간"이라고 이야기한다. 웬네트 자신은 주차장 꼭대기에 있는 펜트하우스에 살았었다.

'상식을 벗어난' 일일까? 물론이다! 하지만 매우 수익성 높은 모험이고, 지역사회를 변화시키고, 타의 추종을 불허하는 상상력을 발휘한 경우이기도 하다!

상품으로서의 주차장? 누가 그런 말을 했을까……?

주차장 엑설런스? 왜 안 되겠는가? 익스트림 휴머니즘을 보여주는 주차장? 왜 안 되겠는가? 마이애미 땅에서 TGR 천국을 제공하는 주차장? 왜 안 되겠는가?

《차별화의 천재들》에는 이러한 고무적이고 예상 밖의 슈퍼스타 중소기업 다수가 소개돼 있다.

▶▶ 배관공도 엑설런스로 가치를 높여야 한다

다음과 같은 동네 배관공(또는 전기 기사, 페인트공 등)이라면 '차별성 없는 서비스(commodity service)'를 제공하지 않는다.

- 만약 자기 일을 완전히 알고 있다면
- 만약 배움에 사로잡혀 늘 새로운 기술을 배운다면
- 만약 이기려는 성향이 있다면(매우 중요)
- 만약 정시에 칼같이 나타난다면
- 만약 단정한 옷차림을 하고 있다면
- 만약 (한겨울에도) 아주 깨끗하고 말끔한 트럭을 몰고 온다면
- 만약 적시에 멋들어지게 문제를 해결하고 무슨 작업을 왜 이런저런 방식으로 했는지 분명하게 설명한다면
- 만약 작업 후에는 고객이 '작업 현장 바닥에 떨어진 것을 주워 먹어도 될 정도로' 청소해준다면
- 만약 의뢰받은 작업 외에 몇 가지 사소한 작업을 무료로 해주겠다고 자원한다면
- 만약 24시간 후에 이메일이 아니라 전화로 모든 게 괜찮은지 확인한다면
- 만약 고객들을 위한 실질적인 팁을 담은 게시글을 종종 올리는 블로그를 만든다면. 예를 들어 버지니아주의 한 작은

수영장 회사는 그런 소셜 미디어 전략을 따른 결과 말 그대로 '세계 최고'가 됐다.

그런 사람은 차별성 없는 상품이 아니다!

나는 그러한 탈상품화(de-commoditization)와 끈질긴 엑설런스의 추구를 돈을 지불할 가치가 있는 극도의 차별성(Extreme Distinction Worth Paying For, EDWPF)이라고 지칭한다. (마지막 장에서는 'TGR 크게 높이기'라고도 부른다.)

이것은 중장기 일자리 창출의 핵심이기도 하다. 가치를 더하는 배관공과 전기 기사는 그를 칭찬하는 입소문을 타고 자신에 대한 수요가 급증하는 것을 보게 된다. 어느새 1인 사업이 3인 사업장, 6인 사업장으로 확대된다. 배관공과 전기 기사는 엑설런스를 추구할 뿐만 아니라 끊임없이 새로운 기술을 배우려고 노력한다는 점을 고려할 때 새 일자리는 말할 것도 없고 좋은 새 일자리가 생긴다. 그다음에는 지역 직업 기술 교육기관과 파트너십을 맺고 본격적으로 지역사회에 참여하고, 일자리를 창출하며 특화된 서비스를 제공하게 된다.

실천 사항 37

랜드마크가 된 주차장과 지역 배관공, 이 두 예를 곰곰이 생각해보라. 과감하고 미친 듯한, 상상할 수 없을 만큼 멋진 차별화는 어디에서든 일어날 수 있다. 명성이 자자한 슈퍼스타 2인 또는 6인 사업장을 찾아보라. 나와 함께 엑설런스를 추구

해 군중과의 차별화를 꾀하도록 하라. (지역에서 단연 최고인 배

—— 관업체, 전기업체, 양복점이 되는 것은 대단히 즐거운 일이다.)

10

부가가치 창출 전략 #5

모든 종류의 서비스를
추가하라

10.38
우리는 고객을 위해 무엇이든 한다는 자세

▶▶ **물류 시스템 마스터가 된 항공기 엔진 제조사**

이제 롤스로이스는 항공·우주 엔진의 제작보다 고객의 전반적인 엔진

조달 전략과 유지를 관리하는 사업으로 더 많은 매출을 올리고 있다.

〈이코노미스트〉, '구조에 나선 영국의 새로운 챔피언은 회계 담당자와 파워포인트
장인'

▶▶ **택배회사에서 통합 문제 해결사로 거듭난 UPS**

빅 브라운의 새 가방: 미국 기업의 수송 관리자를 목표로 하는 UPS

〈블룸버그비즈니스위크〉 헤드라인

관건은 솔루션입니다. 우리는 더 우수하고, 더 강력하며, 더 저렴한 공

급망을 운영할 방법에 대해 고객과 이야기합니다. 우리 회사에는 고객과 함께하는 엔지니어가 1,000명이나 됩니다.

밥 스토펠, UPS 임원, 〈포천〉 인터뷰

'통합 문제 해결사'는 서비스를 특징으로 한다. 현재 UPS는 문 앞에 던져놓는 택배가 아니라 다른 회사의 전체 공급망 시스템을 운영함으로써(종종 인수함으로써) 번창하고 있다.

실천 사항 38A
뒤죽박죽이고 흉포한 오늘날의 시장에서 살아남으려면 어떤 종류의 회사, 조직이든 날개를 펴고 고객을 도울 새로운 방법을 계속 모색해야 한다. 그러려면 우선 고객과 극도로 밀착해야 한다. 간단히 말해 오늘부터 고객의 사업과 고객의 전 부서를 위에서부터 아래까지 고객보다 잘 이해하는 데 집중하도록 하라! (엄청난 시간과 노력이 있어야 한다!) 그것은 그저 '좋은 생각'이 아니라 여러분 회사나 조직의 사활이 걸린 필수 전략이다.

▶▶ '코스트 센터'에서 부가가치를 창출하는 슈퍼스타로

오만한 이야기인지 몰라도 사람들이 내 말을 들었더라면 수백만 개의 일자리를 구할 수 있었다고 믿는다. 하지만 아직 늦지 않았다. 사실 AI 허리케인이 해안까지 온 지금이 마지막 기회다.

《전문 서비스 회사 50(The Professional Service Firm50)》은 가장 안 팔린 내 책 중 하나다. 나와 내 동료들이 사랑받지 못한 'PSF 50'이라고 부르는 이 책은 항상 외주에 맡겨질 위기에 있는 '관료적 부서-코스트 센터(bureaucratic department-cost center: 코스트 센터는 직접적으로 수입을 만들어내지는 못하고 수익을 내는 부서를 지원하는 연구, 회계, 관리 등의 부서를 말한다 – 옮긴이)'를 모회사에 막대한 가치를 더해주는 세계 최상급의 혁신적이고 지식재산이 풍부한 엑설런스 센터(반짝이는 전문 서비스 회사)로 바꾸자고 간곡히 간청하는 글이었다.

이런 식의 이야기가 펼쳐질 수 있다.

실천 사항 38B

예를 들면 구매부에서 기술 인수(technology acquisition)를 중점 업무로 하는 팀 하나가 '기술 인수 회사'로 재탄생한다. 코스트 센터였던 14명으로 구성된 이 팀은 30억 달러 규모의 회사에서 2억 달러 규모의 사업부에 속한 50명 직원으로 구성된 구매부 소속의 전문 서비스 회사(적어도 현재는)가 된다. 이제 기술 인수 회사로 다시 태어난 이 '코스트 센터'는 동종 최강을 목표로 한다. 사업 부문이나 회사의 최고 부서가 아니라 업계 전체에서 최강인 기술 인수 조직 말이다!

기술 인수 회사의 산출물(서비스 패키지)은 탁월해서 "와우!" 감탄사가 나오게 한다. (PSF 50에서 주문한 것도 그것이었다.) 지식재산은 급격히 성장하고 유명해질 것이다. 기술 인수 회사는 기업 전체에 엄청난 가치를 더해주고 상당량의 외부 작업도 하려 할 것이다.

결론(PSF 50 책이 쓰였을 때도 그렇고 오늘날에는 더욱 그렇다): 아웃소싱이 임박했던 코스트 센터는 모회사의 가치 제안(value proposition)에서 매우 귀중한 일부가 된다. (그리고 그 부서의 일자리는 그대로 유지될 게 분명하다. 어쩌면 내가 오만하게 말했듯이 "구제될 수 있었던 수백만 개의 일자리" 중 일부일 수도 있다.)

**어떤 종류의 회사, 조직이든
고객을 도울 새로운 방법을
계속 모색해야 한다**

11

부가가치 창출 전략 #6

대담한 소셜 미디어 전략

11.39
소셜 미디어 전략이 성공을 좌우한다

▶▶ ## #1: 20년 세월이 5분 만에 물거품이 될 수 있다

1. 과거에는 '입소문'이었다면 이제는 '마우스'다. 여러분은 브랜드 홍보 대사 또는 브랜드 테러리스트를 만들고 있다.

2. 고객이 커뮤니케이션을 완전히 통제하고 있다.

3. 고객은 최대한 빠른 정보와 답변, 제품, 반응, 해결을 기대한다.

4. 명성을 쌓는 데는 20년이 걸리지만, 명성이 무너지는 건 5분이면 된다.

브랜드 터틀, '워런 버핏의 재미없지만 명석한 지혜' 중 워런 버핏의 말, 〈타임〉

#2: 트윗 하나가 슈퍼볼 광고보다 효과적이다

나는 우리 회사가 경쟁이 치열한 슈퍼볼 광고로 수백만 명의 관심을

끌려고 하는 것을 보느니 한 명의 고객과 트위터로 대화하고 싶다. 왜 그럴까? 왜냐하면 사람들이 당신 회사의 브랜드에 대해 직접 논의하게 하고 일대일로 연락하는 것이 훨씬 가치 있기 때문이다. 비용이 더 저렴한 것은 말할 것도 없다! …… 소비자들은 자신이 좋아하는 것, 지지하는 회사, 싫어하는 조직과 리더에 대해 논의하고 싶어 한다. 그들은 커뮤니티를 원한다. 그들의 말을 들어주기를 원한다.

피터 아세토, 캐나다의 선구적인 금융 서비스 기업 탠저린 CEO

트윗 하나가 슈퍼볼 광고보다 낫다. 중요한 말이다. 한 번 더 읽어라.

▶▶ #3: 버지니아의 작은 회사에서 세계 최강자로

우리는 버지니아에 있는 작은 수영장 회사임에도 불구하고 오늘날 세계에서 가장 방문자가 많은 수영장 웹 사이트를 운영하고 있습니다. 5년 전에 우리 회사가 무슨 일을 하는지 질문을 받았다면 '땅을 파고 유리섬유로 수영장을 만듭니다'라고 간단히 대답했을 것입니다. 지금은 '우리는 유리섬유 수영장이라는 주제를 세계에서 가장 잘 가르쳐줄 수 있고 그것을 건설하기도 합니다'라고 말합니다.

마커스 셰리든 · 리버풀스앤드스파 · 제이 베어, 《유틸리티(Youtility)》

작은 마을의 작은 회사가 세계 1위 회사가 됐다는 것은 소셜 미디어 덕에 기회가 보편화됐다는 메시지다.

▶▶ #4: 회사의 소셜 미디어 전략이 곧 그 회사다

소셜 임플로이(social employee: 소셜 미디어에서 열심히 회사의 홍보 대사 역할을 하는 직원들 – 옮긴이)의 7가지 특징은 다음과 같다.

1. 일에 몰입한다.
2. 개인 생활과 일의 통합을 기대한다.
3. 브랜드 스토리를 믿는다.
4. 타고난 공동 작업자다.
5. 경청한다.
6. 고객 중심이다.
7. 권한을 부여받은 변화의 주체다.

셰릴 버지스 · 마크 버지스, 《소셜 임플로이》

소셜 미디어는 '모두가 참여한다'. 그래서 '결론'은? 회사의 소셜 미디어 전략이 곧 그 회사다. 좋든 싫든 그것이 회사를 규정한다. (그리고 이제 시작일 뿐이다.)

여러분의 소셜 미디어 활동에 '대담성 및 철저성 점수'를 매겨 보라. "와우!" 감탄이 나올 정도의 점수가 아니라면 오늘 시작 하라. (이 지시의 대상은 무엇이며 누구인가? 모든 사람이다.)

소셜 미디어에 중점을 둔 임원진을 찾아라.

회사의 소셜 미디어 전략이 곧 그 회사다
좋든 싫든 그것이 회사를 규정한다

12

부가가치 창출 전략 #7, #8

여성과 노인을 공략하라

12.40
거대한 여성 시장에 대한 서비스 부족

중국, 인도, 그리고 인터넷은 잊어라. 경제성장의 동력은 여성이다.

'성(性)의 중요성', 〈이코노미스트〉

이제 여성이 세계시장을 움직이고 있다. 그들은 20조 달러의 소비자 지출을 통제하고 있으며, 이 수치는 (5년 안에) 28조 달러로 증가할 수 있다. …… 여성 전체가 중국과 인도를 합친 것보다 더 큰 성장 시장 (growth market: BRICs라는 용어를 가장 먼저 사용한 골드먼삭스자 산운용 회장이 제시한 개념으로 브릭스 4개국과 넥스트 11개국 중 한 국, 인도네시아, 멕시코, 터키는 더 이상 신흥 시장이 아니라 성장 시장 으로 불러야 한다고 주장했다 – 옮긴이)이다. 사실 중국과 인도를 합친 것보다 2배 이상 큰 시장이다.

마이클 실버스타인 · 케이트 세이어, '여성 경제', 〈하버드비즈니스리뷰〉

$W > 2 \times C + I = \$28T$. (여성 시장은 중국+인도의 2배 이상이며 이미 28조 달러까지 커졌다.)

> 여성 시장이 주 시장이다.
>
> 파라 워너, 《핸드백 파워》

▶▶ 미국에서 여성의 구매 비중

- 가구와 인테리어 제품: 94퍼센트
- 휴가 상품: 92퍼센트
- 주택: 91퍼센트
- 가전제품: 51퍼센트
- 자동차: 68퍼센트(구매 결정에 상당한 영향을 끼치는 경우: 90퍼센트)
- '모든 소비자 구매': 83퍼센트
- 은행 계좌 명의자: 89퍼센트
- 주택 투자 결정: 67퍼센트
- 소상공인 대출과 소상공 스타트업: 70퍼센트
- 건강관리(의사 결정의 모든 측면): 80퍼센트
- 자선 활동 결정(여성은 남성의 156퍼센트를 기부): 90퍼센트

  다양한 출처

또한 미국에서는 여성이 '구매 담당자'의 50퍼센트 이상, 전체 관리직의 50퍼센트 이상을 차지하고 있다. 따라서 여성이 상업적 구매의 대부분을 결정한다고 할 수 있다.

▶▶ 여성이 '모든 것'을 구매한다: 우머노믹스

종합하자면,

여성은 소비자 구매 1위

여성은 상업적 구매 1위

=여성이 '모든 것'을 구매한다.

다양한 출처

> 한 가지는 확실합니다. 1인당 부의 증가와 연관이 있는 여성의 권력 획득이 사회의 모든 영역과 수준에서 일어나고 있다는 것입니다. 이것은 시작에 불과합니다. 학교 제도에서 여학생들이 남학생들보다 더 성공적인 것으로 증명되고 있으므로 이 현상은 더 확대될 것입니다. 많은 전문가가 보기에 우리는 이미 여성에 의해 기획되고 실행되는 '우머노믹스(womenomics)' 시대에 접어들었습니다.
>
> **오드 지제니스 드 뒤엠, 경제사회여성포럼 '여성은 글로벌 성장의 원동력', 〈파이낸셜타임스〉**

2020년까지 22조 달러의 자산이 여성에게 이전될 것이다.

웹 사이트 〈더스트리트〉, (2015: '2020년까지 22조 달러의 자산이 여성에게 이전 예상: 남성이 조심해야 하는 이유', 참고로 예정대로 그렇게 됐다.)

▶▶ **관련 도서**

- 마사 발레타,《여자한테 팔아라》
- 파라 워너,《핸드백 파워》
- 브리짓 브레넌,《왜 그녀는 저런 물건을 돈 주고 살까?》
- 파코 언더힐,《여자는 언제 지갑을 여는가》
- 미셸 밀러·홀리 뷰캐넌,《사커맘 신화(The Soccer Mom Myth)》
- 캐럴라인 크리아도 페레스,《보이지 않는 여자들》

실천 사항 40 천천히. 이것은 엄청난 일이다. 성급한 판단을 내리지 마라. 주로 외부인을 이용해 여러분 회사의 여성 시장에 대한 방향을 철저히 평가받아라. 평가자는 주로 또는 전적으로 여성이어야 한다.

12.41
'스퀸트 테스트'를 통과할 수 있는가?

이 거대한 여성 시장의 기회를 수용할 준비가 됐는지 보여주는 한 가지 지표는 내가 '스퀸트 테스트(squint test)'라고 부르는 검사의 결과다. 그 방법은 다음과 같다.

1. 경영진의 사진 앞에 선다.
2. 실눈을 뜨고 바라본다.
3. 경영진의 구성이 여러분의 회사가 서비스를 제공하고자 하는 시장의 구성과 비슷한가? 이를테면 회사의 (소비자 그리고/또는 상업적) 제품과 서비스의 70퍼센트를 여성이 구매한다면 실눈을 뜨고 봤을 때 고위 임원 중 여성이 최소 절반은 되는가? 만약 아니라면 왜 아닌가?

여성 고위 임원의 비율이 높아야 하는 데는 여러 가지 이유가 있다. 사회정의가 그 하나다. 여성이 더 나은 리더라는 일관된 연구 결과가 나온다는 사실은 또 다른 이유다(1.5 '여성이 리드하게 하라' 참조). 그러나 시장의 인식, 성장 및 수익성의 이유에서 현재 또는 잠재적 시장의 현실과 일치하는 진정한 성비 균형(또는 고위 임원의 성비가 여성 쪽으로 치우치는, 즉 여성이 절반 이상)이 경제적으로 타당한 일이라는 게 내 의견이라고만 이야기해두겠다.

(디자인에서부터 마케팅, 유통에 이르기까지 여성 시장에 대한 남성의 오해를 다룬 연구들은 아주 많다. 예를 들어 일부 예외를 제외하고 남성은 여성의 선호도에 맞춰 디자인하지 못한다. 그리고 나는 강연에서 이 말을 하는 순간 일어나는 거센 반대를 즐긴다는 사실을 인정한다.)

실천 사항 41

여러분은 스퀸트 테스트를 통과할 수 있는가? 통과할 수 없다면 합격 점수를 받기 위한 노력을 오늘부터 시작하라. 빨리 움직여라. 변명하지 마라. (어떤 변명이 있을 수 있는가?)

▶▶ **당부와 질문**

1.5 '여성이 리드하게 하라'에서 여성은 최고의 리더, 협상가, 영업 사원, 투자자다라는 내용과, 실천 사항 40과 41에서 여성들이 모든 것을 구매한다는 내용을 생각해보라. 쉽게 말해서 여러분의 조직은 이 두 가지 조사 결과와 일치하는가? 조

직의 효율성과 시장 성과(market performance), 그리고 감히 말하건대 엑설런스는 방금 제시된 질문에 대한 답변에 달려 있다.

12.42
노인들이 거의 모든 돈을 갖고 있다

건강한 노인이 21세기를 지배할 것이다. 그러나 우리는 한심할 정도로 준비가 돼 있지 않다.

켄 디히트발트, 《건강한 노화(Age Power)》

새로운 고객의 다수인 44~65세는 수천 개 기업의 수십 개 제품군에서 상당한 매출 성장을 현실적으로 전망해볼 수 있는 유일한 성인 시장이다.

데이비드 울프 · 로버트 스나이더, 《에이지리스 마케팅(Ageless Marketing)》

▶▶ **50@50**

오늘 50세가 된 사람들은 성인기 절반이 더 남았다.

빌 노벨리, 미국은퇴자협회 전 CEO, 《50+》

평균적인 미국 가정은 평생 13대의 새 차를 구매하는데 그중 7대는 가구주가 50세가 된 이후에 구매한다.

빌 노벨리, 《50+》

이는 50이면 '인생 절반을 살았을 뿐'이라는 말에 초점을 맞춘 '통계 중 하나'였다. [멍청한(미안) 마케터들은 잘 듣기 바란다.]

가구주가 40세 이상인 가구는 우리 인구의 순자산의 91퍼센트를 보유하고 있다. …… 성숙 시장(mature market: 미국에서 실버산업을 일컫는 말 – 옮긴이)은 미국 경제의 지배적인 시장으로 거의 모든 범주에서 대부분의 지출을 한다.

캐럴 모건 · 도런 레비, 《베이비 부머와 노인의 사고방식에 맞춘 마케팅(Marketing to the Mindset of Boomers and Their Elders)》

▶▶ <u>55~64세 vs. 25~34세</u>

- 새 승용차와 트럭: 55~64세들이 25~34세들보다 20퍼센트 더 지출
- 풀 서비스 식당에서의 식사: +29퍼센트
- 항공료: +38퍼센트
- 스포츠 장비: +58퍼센트
- 레저용 차량: +103퍼센트

- 와인: +113퍼센트
- 주택 관리, 수리 및 주택 보험: +127퍼센트
- 별장: +258퍼센트
- 가사 돌봄과 정원 관리 서비스: +250퍼센트

54세는 내가 지금껏 관여했던 마케팅 계획 중에서 가장 높은 연령 구분점이었다. 50세면 평생 일한 사람들이 쓸 돈이 생기기 시작하는 나이, 그리고 돈을 쓸 시간이 있는 나이라는 점을 고려할 때 이는 좀 이상하다.

나이 든 사람들의 이미지에는 문제가 있다. 우리 문화는 젊음을 지향하도록 조건화됐다. …… 젊은이를 생각하면 '활기참과 다채로움'이 떠오르지만, 중년이나 '원숙한 연령대'를 생각하면 '피곤함과 지침'이 떠오르고 '노인'이나 '고령자'를 생각하면 '기력 없음과 백발'을 생각하거나 그 연령대를 아예 생각하지 않을 가능성이 더 크다. 재무 수치들은 논쟁의 여지가 전혀 없다. 돈이 있는 곳은 성숙 시장이다. 그러나 광고주들은 놀라울 정도로 그들에게 무심하다.

마티 발레타, 《사모님 마케팅》

50세 이상에게 다가가려는 마케터들의 시도는 비참하게 실패해왔다. 그렇게까지 동기와 욕구를 제대로 이해하지 못한 시장은 없다.

피터 프랜시즈, 출판인, 《미국 인구통계》, 1992년 연설

(부디 다시 읽어보길!)

"노인들이 모든 돈을 가지고 있다"라는 말은 과장이 아니다.

> 1. 노인들은 (거의) 모든 돈을 가지고 있다.
>
> 2. 노인들은 돈을 쓸 시간 여유가 많다.
>
> 3. 그리고 대체로 주택 담보 대출과 학자금 대출 상환을 끝냈다.
>
> 4. 노인들은 재량 소득(discretionary income: 세금 및 의식주 해결을 위한 필수품의 구입 후에 남은 소비 가능 소득 - 옮긴이)이라는 성배를 가지고 있다.

실천 사항 42A

이 분석은 몹시 불완전하다. 예를 들어 노인들에게 효과적인 제품 개발과 마케팅이란 어떤 것일까? 먼저 남성은 여성을 위한 디자인을 할 수 없다는 이전 섹션의 논평을 상기하라. 이 섹션과 관련해서도 마찬가지다! 일반적으로 '젊은이들'은 '노인들'을 위한 디자인을 잘할 수 없다. 노인들에게 효과적인 마케팅도 할 줄 모른다. 간단히 말해서 이 엄청난 기회를 활용하려면 위에서부터 아래까지 회사를 전략적으로 재정비해야 한다.

실천 사항 42B

연령대별 대표성과 관련해서 12.41에서 논의됐던 '스퀀트 테스트'를 마케팅팀과 제품개발팀에 적용해보라. 이번에는 나이가 리트머스다.

12.43
엄청난 기회를 놓치고 있다

▶▶ **어리석은* 총체적 전략(*신중히 선택한 강한 표현이다)**

2019년 연구에서는 금융 서비스 리더 자리에 남성이 여성에 비해 지나치게 많다는 것이 밝혀졌다. 그렇지만 재정적인 결정은 대부분 여성들이 내린다. 그리고 여성은 남성보다 성공적인 투자자다.

마찬가지로 우리는 밀레니얼 세대의 트렌드에 관해서는 끊임없이 이야기하면서 '노인 시장'은 사실상 무시한다. 예를 들어 노인들은 상품과 서비스의 50퍼센트를 구매하지만 그들을 겨냥한 마케팅 지출은 10퍼센트에 지나지 않는다.

이 두 시장이 지닌 엄청난 기회에 대해 20년 동안 연구하고 외쳐왔지만 기업들의 대응은 대체로 한심해서 내 인생의 가장 큰 수수께끼가 되고 있다.

실천 사항 43A

이 두 섹션을 다시 읽도록 하라. 두 섹션의 주장을 수용한다면 (어떻게 수용하지 않을 수 있겠는가?) 현재의 위치와 앞으로의 방향성을 검토하는 절차에 착수하며 오늘 무엇을 하겠는가? 사실상 모든 어젠다에 이 주제를 올리도록 하라. 지금 당장.

실천 사항 43B

'스퀸트 테스트'를 상기하라. 이제 '진짜' 스퀸트 테스트를 해볼 때다. 경영진의 사진을 바라보라. 마케팅팀, 제품개발팀, 인사팀, 구매팀의 사진도 차례차례 바라보라. 이 사진들 모두가 여러분의 회사가 서비스를 제공하는 시장과 거의 유사해 보이는가? 예를 들어 여성, 흑인, 히스패닉, 노인, 백인 등의 구성이 비슷한가? 여러분이 고위 경영진에 속한다면('고위직 경영진'은 단지 CEO, COO만이 아니라 적어도 최상위 2개 직급의 경영진을 의미한다) 전략적 변화를 꾀할 시간을 1년간 가져라. 12개월 뒤 스퀸트 테스트를 반복하라. 다른 결과, 어쩌면 근본적으로 다른 결과를 기대해보라. 이것은 대기업과 마찬가지로 또는 그 이상으로 25인 사업체, 심지어 12인 사업체에도 적용된다. (이는 전략적 우선순위의 하나가 아니라 유일한 전략적 우선순위라고 할 수 있다.)

12.44
8가지 부가가치 창출 전략의 요약

부가가치 창출 전략 #1: 디자인 제일주의/익스트림 휴머니즘. 디자인은 영혼이다. 디자인은 우리 자신이다. MRI에 부착한 작은 거울을 떠올려라.

부가가치 창출 전략 #2: TGR을 높여라. 감성적 경험. 마음에 남는 경험. 작은 것들이 큰 것들보다 중요하다.

부가가치 창출 전략 #3: 가장 초점을 둬야 할 점들. 가격보다 품질을 중시하라. 원가보다 매출에 집중하라. 다른 규칙은 없다.

부가가치 창출 전략 #4: 차별성 없는 상품 같은 것은 필요 없다. 문화의 아이콘 카키텍처. 배관의 달인도 엑설런스로 가치를 높여야 한다.

부가가치 창출 전략 #5: 서비스를 추가하라. '우리는 고객을 위해 무엇이든 한다'는 자세가 필요하다.

부가가치 창출 전략 #6: 대담한 소셜 미디어 전략/'20-5' 법칙. 트윗 하나가 슈퍼볼 광고보다 효과적이다. 회사의 소셜 미디어 전략이 곧 그 회사다.

부가가치 창출 전략 #7: 여성이 모든 것을 구매한다. 28조 달러가 넘는 거대한 여성 시장에 대한 서비스가 부족하다.

부가가치 창출 전략 #8: 노인들이 모든 돈을 가지고 있다. 서비스가 극도로 부족한 거대 '노인' 시장을 공략하라. (어떻게 마케터들은 그 사실을 모를 수 있을까?)

13

가장 많은 시도를 해본 사람이 승리한다

13.45

혁신 #1: 일단 시도하라

WTTMSW(Whoever Tries The Most Stuff Wins)는 혁신의 알파이자 오메가다. 특히 오늘날 혁신이라는 주제의 지속적인 중요성을 고려할 때 확실히 이것은 단순해 보인다. WTTMSW를 혁신의 초석이자 중심이라는 선언은 40년 동안의 엄청난 생각과 관찰을 하고, 열심히 연구하고 실험한 결과라는 것이 나의 답변이다.

사실 WTTMSW는《초우량 기업의 조건》을 구성하는 8가지 기본 특징 가운데 첫 번째, 즉 "실행을 중시한다"와 동일하다.

지나칠 수는 있지만 우리는 당연히 '혼란(disruption)'을 이야기한다. 정말로 새로운 시도가 '사업을 망칠' 행동일까? 그럴지도 모르지만 내 생각에 혼란에 대처하는 가장 좋은 방법은 직원의 100퍼센트가 매일 WTTMSW 도그마에 진지하게 전념하는 혁신가가 되는 것이다.

▶▶ 준비, 발사, 그리고 조준

> 준비, 발사, 그리고 조준.
>
> 일렉트로닉데이터시스템(EDS)의 설립자 로스 페로가 자신의 선구적이고 성공적인 비즈니스 접근 방식에 대해 했던 설명. (페로는 EDS를 GM에 매각했다. 그 뒤에 그는 EDS는 "준비, 발사, 그리고 조준" 원칙에 따랐는데 GM은 "준비, 조준, 조준, 조준……" 원칙에 따랐다고 말했다.)

▶▶ 사우스웨스트항공의 전략

> 사우스웨스트항공에는 '전략'이 있다. 그것은 바로 '실행하는 것'이다.
>
> 허브 켈러허, 사우스웨스트항공 설립자

신의 가호가 있기를. 고인이 된 켈러허는 좋은 친구였다. '말한 대로 실행한' 친구였다는 것은 아주 절제된 표현이다.

▶▶ 블룸버그

> 물론 우리도 실수를 했습니다. 대부분은 소프트웨어를 처음 만들 때 생각하지 못하고 누락하는 실수였죠. 우리는 다시 하고, 또다시 함으로써 바로잡습니다. 지금도 마찬가지입니다. 경쟁사들이 여전히 완벽

한 디자인을 위해 안간힘을 쓰는 동안 우리는 프로토타입 버전 #5를 만듭니다. 경쟁사들이 배선과 나사를 준비할 때쯤이면 우리는 프로토타입 버전 #10을 만들고 있죠. 계획 대 실행의 문제로 돌아가는데, 우리는 첫날부터 실행에 들어가지만 다른 회사들은 몇 개월 동안 계획 수립 방안을 계획합니다.

마이클 블룸버그, 《월가의 황제 블룸버그 스토리》

▶▶ 일단 하라

사진작가가 되고 싶은가?

사진을 많이 찍어라. 사진 블로그를 시작하라.

최고의 작품들을 골라 전시회를 준비하라.

일단 하라.

작가가 되고 싶은가?

많은 글을 써라. 소셜 미디어에서 자기 목소리를 내라.

블로그를 시작하라. 친구들을 위해 게스트 포스트를 올려라.

일단 하라.

말하기는 쉽다.

일단 하라.

라이드 쉴페룰트, 브랜드 전략가, 창의력이 막힐 때 극복하는 데 도움이 되는 '한 가지 조언'

다시 말하지만 나는 '단순한 주장'이라는 비판이 두렵다. 그렇지만 다시 반박하겠다. 입 닥치고 뭉그적거리지 마라. 일단 하라. 뭐든 하라. 뭐라도 하라. 지금 당장. 지금은 '바로 지금'을 의미한다. (참고로 이건 개인적인 이야기인데 나는 한 번도 계획 비슷한 것을 세워본 적이 없다. 또는 거창한 목표를 세운 적이 없다. 그냥 계속 움직였더니 '대단한 일들'이 저절로 생겼다!)

실천 사항 45

WTTMSW는 간단한 '아이디어'다. 그러나 결코 '실행'이 간단하지는 않다. 즉, WTTMSW는 '시도하라. 뭐든 시도하라. 뭐라도 시도하라. 지금 시도하라'를 포괄하는 태도다. 그것은 삶의 방식이라고 할 수 있다. 그리고 일반적인 '정석대로', '계획대로', '적절한 끝맺음'이라는 기준과는 반대로 복잡하고 비선형적인 삶의 방식이다.

첫 번째 쟁점은 'WTTMSW가 지금 당장 전 직원이 실행해야 하는 혁신의 엔진이라는 가설을 믿는가?'다. 그럴 의향이 있다면 '전 직원'이 '시도해보는' 환경을 그려보라. 예를 들어 하루 동안 여러분의 커뮤니케이션에서 그런 환경은 어떤 의미가 있을까? 상사인 여러분과 내가 영상으로 일대일 대화를 하고 있고 한두 가지 공식적 문제를 해결한 다음에 내가 "요즘은 무슨 근사한 일을 새로 하고 있나요? 제가 좀 도와드릴까요?"라고 묻는다. 그런 말이 다소 진부하게 들릴 수 있다. 그러나 요점은 모든 사람이 업무를 처리하면서 한두 번은 방향을 전환해보려고 끊임없이 노력하고 있다는 기대를 확립하는 것이다. "맥스, 우리가 작성 중인 주간 재무 보고서 알지? 준비 시간을 반으로 줄이기 위해서 몇 가지 새로운 방식을 테스트하고 있어. 예를 들면……" 등등. 이런 대화는 하루에도 몇 번씩 자연스럽게 이루어질 것이다. 그리고 이번에도 모든 직원, 모든 직위, 모든 직급, 모든 부서가 그런 대화를 나눌 것이다.

무언가 시도되고 있어야 한다. ('무엇'이 정확한 단어다. 무언가. 뭐든.)

항상. 모든 사람이. 어디서나.

13.46
빠른 실패는 필수고 극히 중요하다

빨리 실패하라. 그러면 성공도 빠르다.

데이비드 켈리, IDEO 창립자

실패. 전진. 신속.

필라델피아의 첨단 기술 회사 CEO

다시 시도하라. 또 실패하라. 더 나은 실패를 하라.

사무엘 베케트

눈부신 실패를 포상하라. 평범한 성공은 벌하라.

시드니에서 열린 행사에서 오스트레일리아 경영자가 "나의 성공을 뒷받침한 여섯 단어"라며 해준 말. (나의 '인용구 10위'에 확실히 포함되는 말이다. 그는 진지하게, 말 그대로 '포상'과 '벌'을 의미했다.)

기업에서는 모험을 하는 사람들을 포상한다. 기꺼이 새로운 것을 시도했기 때문에 그 일이 잘 진행되지 않아도 승진시킨다. 온종일 스키를 탔는데 한 번도 넘어진 적이 없다고 말하는 사람들에게 나는 다른 산에서 스키를 타보라고 한다.

마이클 블룸버그,《월가의 황제 블룸버그 스토리》

정말 중요한 점은 계속해서 실험하지 않는 기업, 실패를 수용하지 않는 기업은 결국 절박한 상황에 놓이게 된다는 것이다. 그때 할 수 있는 일은 마지막으로 하늘에 맡기고 도박하는 것뿐이다.

제프 베이조스

실패를 '견디는' 것으로는 충분하지 않다. 실패를 '축하'해야 한다.

리처드 파슨

실패:
포상하라!
승진시켜라!
수용하라!
축하하라!
실패가 많을수록 즐거워하라!
빠를수록 좋다!

여러분이 동의한다고 가정하고 '수용', '축하', '승진' 등 위에서 사용한 강한 표현을 고수하면서 동료들과 시간을 두고 충분히 토론해보라. 빠른 실패를 보상해주는 문화가 조직에 스며들게 할 조치를 생각해보라. 이는 대개 일반적인 조직 관행과 상반되므로 힘든 일이다.

리더십팀은 빠른 실패의 효과를 머리와 가슴, 영혼으로 믿어야만 한다. 그리고 그러한 믿음은 기업 문화로 스며들어야만 한다. 그리고 그야말로 날마다 '실행(강화)'돼야 한다.

13.47
전원이 '시리어스 플레이'에 참여하라

> 시리어스 플레이를 할 준비와 의향, 능력이 있을 때만 진지한 혁신가가
> 될 수 있다. '시리어스 플레이'는 모순된 말이 아니라 혁신의 본질이다.
>
> **마이클 슈레이즈, 《초일류기업의 성공 비밀 시리어스 플레이》**

'시리어스 플레이(serious play)', 즉 '진지한 놀이'라는 '아이디
어'에 대해 신중히 생각해보라. 그리고 시리어스 플레이의 생
활도 생각해보라. 사실 많은 시도를 거쳐 성공하는 데 가장 중
요한 필요조건인 시리어스 플레이는 "우리는 24시간, 1주일
내내 어떻게 살고 있는가?"라는 문화의 문제다. 시리어스 플
레이는 '지속적인 개선'이나 '민첩한 대처' 같은 것과는 다르
다는 말을 덧붙이고 싶다. 그것은 좀 더 느슨하고, 좀 더 포괄
적이며(직원의 100퍼센트), 규제가 덜하다. '진지한 놀이'다. 사
실 슈퍼스타 혁신 사상가이자 연구자인 마이클 슈레이즈의 책

은 전체를 읽어봐야 할 필독서다.

　　많은 시도를 하고 성공하기를 원하는가? 그렇다면 '전원 진지한 놀이에 참여하는 문화'가 선도돼야 한다.

실천 사항 47 다음을 달성하라.

1. 많은 시도를 해봐야 성공하므로 일단 해보라.

2. 실패를 보상해주고 축하하라. 빠를수록 좋다.

3. '시리어스 플레이=우리'가 되게 하라.

13.48
시도도 하지 않은 기회는 100퍼센트 놓친다

> 시도도 하지 않은 슛은 100퍼센트 놓친다.
>
> 웨인 그레츠키(NFL MVP 아이스하키 선수 출신 감독―옮긴이)

그렇다! 그래서 내가 즐겨 사용하는 '인용구 톱 5'에 분명히 들어간다. 1위일까?

▶▶ 바흐도 많은 시도를 했기에 음악가로 성공했다

바흐와 역사에서 잊힌 그의 동료들과의 차이점은 그의 성공작 대 실패작의 비율이 더 높다는 게 아니다. 차이점은 평범한 음악가들이 10여 곡의 악상을 떠올렸다면 바흐는 평생 1,000곡 이상 완성했다는 데 있다. 심리학자 폴 사이먼턴은 천재가 천재인 이유는 엄청난 수의 통찰, 아이디어, 이론, 무작위 관찰 및 예기치 못한 연결 고리를 조합할 수 있기 때문이며, 그래서 대단한 결실은 거의 필연적이라고 주장했다. 사이먼턴은 '질'은 양의 확률적 함수라고 말한다.

말콤 글래드웰, '창작의 신화', 〈뉴요커〉

교훈: 질은 양의 확률적 함수=WTTMSW

"바흐도 많은 시도를 했기에 음악가로 성공했다"는 말을 곰곰이 생각해보라. 숨지 마라. 이것은 매우 문화적이다. 따라서 실행은 힘들고, 지속적이고, 항상 '진행 중인 작업'이다.

13.49
혁신 #2: 전략적으로 괴짜들과 어울려라

자신과는 다른 사람들과 접촉함으로써 자신에게 익숙하지 않은 사고와 행동 방식을 접하게 하는 것의 가치를 과대평가할 수는 없다. 그런 소통은 항상 진보의 주요 원천 중 하나였다. 현시대에는 특히 그렇다.

존 스튜어트 밀, 1806~1873년, 《정치경제학 원리》

진정한 여행은 새로운 풍경을 찾는 것이 아니라 새로운 눈을 갖는 것이다. 다른 사람의 눈으로 우주를 보는 것, 100명의 눈에 보이는 100개의 우주를 보는 것이다.

마르셀 프루스트, 《잃어버린 시간을 찾아서-갇힌 여인》

혁신에 관한 5가지 주요 아이디어 중 두 번째는 다양성이다. 다양성이라는 단어의 순수한 의미, 즉 상상할 수 있는 모든 차원에서의 중요한 차이에 지속적이고 계획적인 노출이다.

> 당신은 가장 친하게 지내는 다섯 사람과 같아질 것이다. 이는 축복이
> 될 수도 있고 저주가 될 수도 있다.
>
> 빌리 콕스, 영업 교육 전문가

여러분은 "훌륭한 인용문이네"라고 말할 것이다. (그러기를 바란다.) 좋다. 하지만 제발 잠시 멈추고 숙고해보라. 이것은 정말 맞는 말이고 정말 중요한 말이다. '전략적' 문제 1순위다. 우리는 무의식적으로(만약 의식적으로나 끊임없이 반박하지 않는다면) '같은 부류'에 끌리는 경향이 있다. 이는 격동의 시대가 될 21세기에 특히 나쁘고, 심지어 파괴적인 관행이다.

실천 사항 49A 부디 그 다섯 명의 다양성을 냉정하게 평가해보라.

▶▶ 우리가 어울리는 사람이 곧 우리다

만트라: '별종'과 어울리면 당신은 별스러운 사람이 될 것이다. '같은 부류'의 '지루한' 사람과 어울리면 당신은 더 지루한 사람이 될 것이다. 이상.

무분별한 시대에 매우 다른 사람들과의 지속적인 접촉은 역시나 전략적 필수 사항이다. 그리고 그것은 ① 사려 깊고, ② 힘들고, ③ 세심한 노력이 있을 때만 따라오는 결과다. 아, 우리

의 디폴트 옵션은 언제나 '같은 부류'다.

> 지난 90일 동안 만난 사람들 가운데 가장 흥미로운 사람은 누구였습니
> 까? 어떻게 하면 나도 연락하고 지낼 수 있을까요?
>
> **페덱스 설립자 프레드 스미스가 내게 한 질문**

둘이 CNN 인터뷰를 기다리며 대기실에 앉아 있는 동안 프레
드 스미스는 내게 이 질문을 했다. 그리고 첨단을 앞서간다는
나는 좋은 대답을 하지 못했다. 25년이 지난 지금도 그때 일을
생각하면 무안해진다.

실천 사항 49B 그렇다면 여러분의 대답은?

▶▶ 다양성 자체가 능력을 이긴다

> 다양한 배경을 가진 사람들로 구성된 다양한 문제 해결 집단이 가장
> 똑똑한 최고 집단을 계속 능가했다. 내가 무작위로 선정한 다양한 개
> 인들의 집단과 최고의 성과를 낸 개인들로 구성된 집단, 이렇게 두 집
> 단을 구성하면 첫 번째 집단이 거의 항상 더 잘했다. …… 다양성이 능
> 력을 이겼다.
>
> **스콧 페이지, 《차이(The Difference)》**

스콧 페이지의 책을 읽어라. 그 내용을 받아들여라. 이것은 매우 강력한 책이다! (반복하건대 다양성 자체가 '가장 훌륭하고 가장 똑똑한 사람들'을 능가했다.)

실천 사항 49C 여기 제시된 결론을 조직 내의 거의 모든 모임에 알려야 한다. 요점은 이것이다. 의사 결정을 할 때 다양성에 신경을 써라!

▶▶ 다른 부류의 사람들과 시간을 보내라

다양성의 추구는 전략상 중요하다. 그리고 회사 전체를 아울러야 한다. 예컨대 다음 내용이 주요 요인으로 고려돼야 한다.

- 채용 결정
- 평가
- 승진 결정
- 판매회사의 선택
- 시간 관리![당신의 일정에 대한 일일 평가를 기준으로 한 지난주의 '괴짜들과 어울리기 점수(weirdness score)'는 얼마인가?]
- 실제 또는 가상의 점심 식사(1년에 220회는 업무상 점심 식사를 하라. 지난 10번의 점심 식사를 같이 한 이들은 다양한 다른 부류의 사람들인가?)

- 회의 참석자(회의에서 '예상외의' 사람들이 다른 관점을 대변하는 가?)

실천 사항
49D 이 변인들에 대해 단호히 다양성 평가를 실시하라!

▶▶ 방해는 꼭대기에서 일어난다

> 방해는 꼭대기에서 일어난다. …… 경험이 가장 다양하지 못하고, 과거에 가장 큰 투자를 했으며, 업계 도그마를 가장 존중하는 사람들을 어디에서 찾을 수 있을까? 정상에서다.
>
> **게리 하멜, '혁명으로서의 전략', 〈하버드비즈니스리뷰〉**

너무 흔한 일이다. 정말로 그렇다. 그에 따른 전략적 희생이 너무 크다.

▶▶ 지금 적합한 10인 이사회 표본

- 30세 미만 이사 최소 2명 이상(젊은이가 정상의 자리에서 우리를 이끌어야 한다. 그러나 이런 경우는 희귀하다!)
- 여성 이사 최소 4명 또는 5~6명(남녀 성비 균형이 맞는 이사회는 높은 실적을 가져온다는 것을 구체적인 수치로 보여줄 것이다. 1.5 참조)

- IT와 빅테이터 슈퍼스타 한 명('IT 회사 대표'가 아니라 세일즈 포스나 구글 같은 데서 인증받은 IT의 신)

- 한두 명의 기업가와 어쩌면 벤처 투자자(기업가적 성향이 이 사회에 직접 침투해야 한다.)

- 화가, 음악가, 무속인 등 다른 배경을 가진 사람들 가운데 어느 정도 위상이 있는 한 명(우리에게는 불편하고 이상한 도전 이 규칙적으로 필요하다.)

- 공인된 '디자인 구루' 한 명(이사회 수준의 주목할 만한 디자인 은 내 계획에서 필수다!)

- 60세 이상은 한두 명 이하(이사회에 노인이 너무 많다!)

- MBA는 3명 이하*(이유는? MBA의 예측 가능하고, 선형적·분석 적이거나, 지나치게 수량화된 순수 모델을 넘어서야 할 필요가 있기 때문이다.)

게리 하멜에게서 영감을 얻음.

이 책에서 나는 MBA를 무자비하게 비판했다. 물론 나도 MBA 출신이다. 그것도 스탠퍼드 MBA다. (나는 자신을 '재생 중 인 엔지니어이자 MBA'라고 부른다.) 진즉에 파악했겠지만 내 불만 은 MBA 교육과정이 거의 예외 없이 실제로는 약한 '하드한 요소'에 초점을 맞추고 진정 강한 요소인 '소프트한 요소'를 경시한다는 것이다. 물론 MBA 학생들 가운데도 예외는 있다. 그리고 이 책의 제목이 가리키듯이 내 목표의 하나는 MBA들이 익스트림 휴머니즘의 방향으로 다시 균형을 잡게 돕는 것이다. 마지막으로 덧붙일 말은 무단결근 중인 '휴머니즘'에 대한 나의 비판은 물을 필요도 없이 경영대학원, 공과대학원, 의학전문대학원 등 모든 전문 대학원에 적용된다는 것이다.

실천 사항 49E 여러분 회사의 이사회 또는 자문단은 어떻게 구성돼 있는가?

13.50
혁신 #3: 불편함의 필요성과 효과

나는 불편하지 않으면 마음이 편치 않다.

제이 샤이엇, 광고계의 전설, 샤이엇데이의 창립자

조심하지 않는 법을 배워야 합니다.

사진작가 다이안 아버스가 학생들에게 한 말

상황이 통제되고 있는 듯하다면 충분히 빨리 가고 있는 게 아니다.

마리오 안드레티, 카 레이서

겁나는 일을 매일 한 가지씩 하라.

메리 슈미츠, 퓰리처상을 수상한 저널리스트

메리 슈미츠의 지시를 말 그대로 받아들이고 그에 따라 행동

하라! 말은 쉽지만 행하기는 매우 어렵다! (더 일반적으로는 이

인용구로 경쟁하지 말고 매일의 행동에 대한 엄격한 지침으로 간주하라.)

13.51
혁신 #4: '적당히'를 피하라

> 우리는 미쳐야 한다. 우리는 다른 사람들이 "미쳤다"라고 이야기하는
>
> 일만 해야 한다. 남들이 "괜찮다"라고 이야기한다면 그건 다른 누군가
>
> 가 이미 그 일을 하고 있다는 뜻이다.
>
> 미타라이 하지메, 캐논 전 CEO

다음은 케빈 로버츠의 신조다.

- 준비, 발사, 그리고 조준.
- 깨지지 않았다면…… 깨뜨려라.
- 무언가에 미친 사람들을 채용하라.
- 바보 같은 질문을 하라.
- 실패를 추구하라.
- 리드하거나 따라라, 아니면 비켜라!

- 혼란을 확산시켜라.
- 사무실을 버려라.
- 다양한 글을 읽어라.
- '적당히'를 피하라!

  케빈 로버츠, 1997~2016년까지 사치앤사치 월드와이드 CEO(그의 책《러브마크》는 내가 선정한 소수의 "역대 최고의 경영서"에 포함된다.)

우리가 맡은 모든 프로젝트는 동일한 질문으로 시작된다. "어떻게 하면 이전에 한 번도 해보지 않은 것을 할 수 있을까?"

스튜어트 호너리, '한계 없는 회사', 〈패스트컴퍼니〉

후손들이 우리를 미치광이로 생각할 그런 건물을 지읍시다.

15세기 세비야대성당 건설자들

자네 이론이 미쳤다는 데는 우리 모두 동의해. 그런데 그것이 옳을 가능성이 있을 만큼 미친 이론인가라는 질문에서 의견이 갈렸네.

닐스 보어가 볼프강 파울리에게 한 말

합리적인 사람은 세상에 적응한다. 비합리적인 사람은 세상을 자신에게 적응시키려고 노력한다. 그러므로 모든 진보는 비합리적인 사람들에게 달려 있다.

조지 버나드 쇼, 《인간과 초인》

"노력해도 소용없어. 불가능한 일을 믿을 수는 없어." 앨리스가 말했다. "연습을 많이 안 한 모양이구나." 여왕이 말했다. "내가 네 나이였을 때는 항상 하루에 30분씩 했는데. 때로는 아침 식사 전에 6가지나 되는 불가능한 일을 믿기도 했는걸."

루이스 캐럴

실천 사항 51
예를 들어 당신이 진행하는 크고 작은 프로젝트에 이 인용문들을 사실상의 '지침'으로 삼아라. 모든 프로젝트의 '미친 정도'를 1에서 10까지 점수로 매겨보라. 점수가 대부분 6 이상이 아니라면 고민해야 한다.

13.52
혁신 #5: 창의성은 육성하고 유지해야 할 생득권이다

인간의 창의성은 궁극적인 경제적 자원이다.

리처드 플로리다

모든 어린이는 예술가로 태어난다. 커서도 예술가로 남게 하는 것이 문제다.

파블로 피카소

"이 반에는 예술가가 몇 명이나 있나요? 손을 들어볼까요?" 1학년 아이들은 일제히 자리에서 일어나 팔을 흔든다. 모든 아이가 예술가다. 2학년 아이들은 절반가량이 어깨높이까지 손을 올린다. 손을 흔들지도 않는다. 3학년 아이들은 기껏해야 30명 중 10명만 망설이다 시선을 의식하며 손을 든다. 내가 6학년이 됐을 때는 한두 명만 손을 든 뒤 반 아이들에게 '밀실 예술가'로 인식될 두려움을 살짝 드러냈다. 요지는 내가 방문한 모든 학교가 창의적 천재성을 체계적으로 억압하는 데 참여하고 있었다는 것이다.

고든 매켄지, 《천재들은 다 어디로 간 걸까》

아내와 나는 (유치원의) 학부모 상담 시간에 참석했다가 우리 냉장고를 장식해주던 신예 화가 크리스토퍼가 미술에서 '불만족' 등급을 받을 것이라는 통지를 받았다. 우리는 충격을 받았다. 우리 아이만이 아니라 어떤 아이든 어떻게 그렇게 어린 나이에 미술에서 낮은 성적을 받을 수 있단 말인가? 선생님은 "해당 학년 수준의 운동 기능" 입증을 위해 선 안에 색칠하기를 시키는 것이 주 정부 요구 사항인데 아들애가 이를 거부했다고 알려주었다.

조던 아얀, 《아하!》

토머스 스탠리는 학교에서의 성공과 부를 축적하는 능력 간의 상관관계를 발견할 수 없었을 뿐만 아니라 사실상 부정적인 상관관계가 있음을 발견했다. …… "학교와 관련된 평가는 경제적 성공을 잘 예측하지 못하는 변인 같다"라고 스탠리는 결론지었다. …… 성공을 예측해준 변인은 기꺼이 모험해보려는 의향이었다. …… 하지만 대부분의 학교에서 성공과 실패의 기준은 모험가에게 불이익을 주었다. …… 대부분의 학교 시스템은 모험을 피하는 사람에게 보상을 제공한다. 그 결과 학교 공부를 잘하는 사람은 나중에 위험을 감수하기가 힘들어진다.

리처드 파슨·랄프 키즈, 《실패의 성공학》

으악……!

실천 사항
52A "으악!"은 방안이 될 수 없다. 그러므로 학교, 특히 여러분과 직간접으로 연관이 있는 학교와 관련해 이 문제를 해결하는 것은 여러분에게 맡기려 한다. 지금 일어나고 있는 엄청난 사회적·기술적 변화를 고려할 때 이것은 대단히 중요하고 시급한 일이 분명하다.

실천 사항
52B 물론 이것은 장기간에 걸쳐 학교에 적용된다. 하지만 전 직원과 도급업체를 포함해 여러분의 직장도 창의성의 모범으로 발전하게 하라. 그리고 모든 직책의 채용과 승진 결정의 100퍼센트에 창의성 자체를 기준으로 넣기를 촉구한다. (인공지능 시대에는 창의성=생존이다. 이와 관련해 익스트림 휴머니즘 논의를 상기하라.)

14

연민과 배려로 리드하라

읽고, 읽고, 또 읽어라.

이 책의 리더십 섹션은 장기 전략이 아니라 구체적 전술을 다룬다.
'비전'도 '독창성'도 '혼란'도 없다. 그냥 할 일들만 다룬다. 즉, 효과가 보장된 20여 가지 전술들만 제시한다. 보장된다니 오만한 표현 같지만 각각의 제안은 여러 차례에 걸쳐 효과가 입증된 것들이다.
내 목표는 여러분이 선별된 아이디어들을 실행해보게 하는 것이다. 한두 가지 아이디어를 시도해보라. 오늘부터 시작하라! (앞으로 소개할 리더십 전술 중에서 첫 번째는 모든 리더십 전술의 근간인 배려다.)
이제 여러분 차례다.

LEADING WITH COMPASSION AND CARE

14.53
사람들에게 마음을 써라

여러분을 더 훌륭한 리더로 만들어주고, 더 큰 행복을 주고, 다른 어떤 조언보다 경력 발전에 도움이 되며…… 특별한 성격이나 특정 화학 작용을 요구하지도 않고…… 누구나 실천할 수 있는 조언을 한 가지 해 주자면 이것입니다. 배려해야 합니다.

멜빈 자이스 장군이 미 육군 대학원에서 고위 장교들에게 했던 연설(나는 미 해군 사관학교 연례 포래스털 강좌에서 강연한 적이 있는데 "배려하라"는 자이스 장군의 연설 CD 4,000개를 나눠 주었다. 그만큼 중요하다고 생각했기 때문이다.)

리더십의 기반: 리더 또는 예비 리더가 정말로(정말! 정말! '허튼소리나 만약, 그리고, 하지만' 같은 단서 없이!) 사람들에게 마음을 쓰고 배려하지 않는 한 이 모든 리더십 '보장 전술'은 헛소리이고 전적으로 시간 낭비일 뿐이다.

사람들에게 마음 쓰기와 배려하기는 필수 요소다.

이것은 정확히 채용 및 승진에 관한 이전 논의에서 시사한(그리고 사실상 명령한) 내용임을 상기하라. 사람들에게 마음을 써주는 문화를 원하는가? 그런 사람을 채용하라. 사람들에게 마음을 써주는 문화를 원하는가? 그런 사람을 승진시켜라.

14.54
현장경영: 《초우량 기업의 조건》의 길잡이

신경을 쓰는 척할 수는 있지만, 몸이 거기에 있는 척할 수는 없다.

텍사스 빅스 벤더, 《박차를 차고 쪼그리고 앉지 마라(Don't Squat With Your Spurs On)》

배회경영(MBWA/Managing By Wandering Around)

휴렛팩커드 제공

배회경영 또는 현장경영은 《초우량 기업의 조건》의 원동력이었던 경영 방식, 즉 전략계획이나 방대한 재무제표의 추상적 수치에 매몰되지 않은 경영, 추상적 수치 대신 실제 사람으로서 현장에서 실제 작업과 그 작업을 하는 사람들과 밀접하게 접촉하는 경영 방식이다.

때는 1979년, 《초우량 기업의 조건》으로 정리될 연구의 초기 단계였다. 맥킨지 '조직 효율성 프로젝트'라는 별 특징 없는 제목의 연구였다. 동료인 로버트 워터먼과 나는 여기저기서 사람들을 인터뷰하고 있었다. 인터뷰 후보 대상 명단에는 우리가 머물렀던 샌프란시스코에서 가까운 팰로앨토의 열정적이고 혁신적인 신생 회사 휴렛팩커드(HP)도 있었다.

우리는 40킬로미터를 달려 팰로앨토로 갔고, 곧 작업 공간 가운데에 있는 HP 사장 존 영의 사무실에 앉게 됐다. 아래만 칸막이가 있는 2.4×2.4미터의 좁은 공간이었다. 대화 초반의 어느 순간에 영 사장의 입에서 'MBWA'라는 말이 나왔다. 그 유명한 'HP 방식'에 대해 설명하면서 우리에게는 생소한 MBWA가 그 초석이라고 말했을 것이다. 그때는 워터먼도 나도 몰랐지만, 그 말로 인해 우리의 직장 생활에서 모든 게 바뀌었다.

요즘은 세상 사람 절반은 아는 듯한 영 사장의 MBWA는 물론 현장경영을 말한다. 그리고 그 의미는 현장을 돌아다니며 관리한다는 것이다. 더 깊은 의미는 사무실이나 칸막이, 메시지나 이메일, 파워포인트, 스프레드시트를 통해 회사를 이끌수는 없다는 것이다. 대단히 인간적인 상호작용을 통해 회사를 이끌어야 한다는 것이다. 이 책은 팀원들은 물론 외부인에게도 개인화된 버추얼 상호작용(personalized virtual interaction)을 포함한 익스트림 휴머니즘을 수용하도록 설득할 수 있게 존재한다. 여기서 요점은 직원들과의 정서적 교류에 대한 충분한 투자가 일을 해내게 한다는 것이다.

어쨌든 40년 이상이 지난 지금도 나는 여전히 간청하고 있다. 지금 당장 하던 일을 중단하고 30분 동안 현장경영(또는 줌을 통한 현장경영. 아래 참조)을 하라는 간청을.

실천 사항 54A 매일매일의 현장경영이 리더의 가장 효율적인 활동임을 날마다 요구하라.

▶▶ 현장경영은 재미있다! (아니라면 사직해야 한다)

현장경영을 왜 하는가? 왜냐하면 재미있기 때문이다! 만약 재미가 없다면…….

현장경영을 통해 조직에서 실제로 일어나는 일을 자세히 알수 있는 것은 분명하다. 하지만 그게 전부가 아니다. 훨씬 많은 것을 얻을 수 있다. 《초우량 기업의 조건》을 출판한 지 35년 뒤 뉴질랜드 해변을 거닐다가 현장경영은 재미있어서 한다는 생각이 섬광처럼 떠올랐다. 일상적인 문제와 씨름하는 팀원들과 함께 업무 공간 밖으로 나가는 것은 기쁨이거나 기쁨이어야 한다. 이야기를 주고받는 것도 재미있다. 틀림없이 중요한 것들도 알게 된다. 하지만 그건 전체의 5퍼센트에 불과하다. 나머지는 인간 조직과 커뮤니티 안에서의 동지애다. 나는 이러한 아주 '소프트한' 활동에 대해 단호한 생각을 지니고 있다. 만약 여러분이 직원들과 어울리고 친밀하게 교류하는 것을 사실상 좋아하지 않는다면, 만약 새벽 1시에 물류센터 팀과 수다 떠는 것을 크게 즐기지 않는다면 미안하지만 다른 일을 찾아보기를 진심으로 제안한다.

실천 사항 54B

즐겨라!

직원들과 어울려라!

그들에 대해 알아가라!

그들의 고락에 대해 알아보라!

그리고 경청! 경청! 경청하라!

(진지하게 하는 말인데 격식 없는 '어울림'이 즐겁지 않다면 여러분의 인생 직업, 그리고 지금 하는 일을 생각해보라. 그것은 무거운 의무지만 필수다.)

▶▶ 매주 매장 25곳을 방문

나는 항상 우리 매장에 들르고는 합니다. 1주일에 최소 25곳은 가죠. 다른 회사 매장도 갑니다. 홈디포, 홀푸드, 크레이트앤배럴에도 가보죠. 나는 최대한 많은 것을 흡수하는 스펀지가 되려고 노력합니다.

하워드 슐츠, 스타벅스 창립자 겸 CEO, '위대함의(위대한 기업의) 비밀', 〈포천〉

슐츠 회장이 매일 직면하고 해결하는 크고 작은 과업들은 상상조차 잘 안 된다. 그런데도 그는 매주 그렇게 25개 매장을 방문한다. 이는 효과적인 리더는 회사의 조치와 직원들, 고객들과의 직접 접촉을 계속하기 위해 어떤 노력까지 하는지 보여주는 더할 나위 없는 지표다.

14.55
'뉴 노멀'이 된 줌을 통한 현장경영

나보다 훨씬 많은 경험이 있는 많은 사람이 이 주제에 동참할 것이다. 나는 18개월 이내에 아마존의 버추얼 서가에 '재택근무의 효율성에 큰 영향을 끼치는 7가지 조치'에 관한 신간이 (최소) 25권은 꽂힐 것으로 예상한다.

내가 제안할 것들이 적으므로 '더 나은 회의'를 만드는 것은 여러분에게 맡기겠다. 내 목표는 무엇이든 장기적인 효과의 본질은 이런저런, 특히 앞으로의 탁월한 관계의 유지이고, 혁신의 본질은 우연한 상호작용이며, 이러한 것들은 현장경영이나 줌을 통한 현장경영의 세계에서 자연히 생기는 게 아니라는 사실을 상기시켜주는 데 있다.

하지만 노력을 멈추지 마라! 우리를 인간답게 만들어주는 것은 사회적 잡담이라는 게 철칙이다. 이를 위해 여러분만의 버추얼 방식을 개발하라. 비결은 실험이다! 솔직히 말해서 내가 이 글을 쓰는 순간 우리 중 누구도 대체 우리가 무엇을 하고 있는지 모른다. 그러므로…… 일단 해보면서 자신만의 방법을 만들어라. (참고로 나는 2020년 3월부터 50회 가까이 줌으로 팟캐스트 또는 프레젠테이션을 했다. 나는 줌 세상에서도 대면 세계만큼 배려, 사려 깊음, 공감을 전달하고 달성할 수 있다고 전적으로 확신한다. '결론'은 줌도 개인적 특성을 띠게 할 수 있다는 것이다!)

▶▶ 줌 회의에서 유념해야 할 몇 가지 사항

말이 많은 사람들, 즉 외향적인 사람들이 발언을 독점하게 하지 마라. 무슨 수를 써서라도 모두를 대화에 끌어들여라.

참석자들의 발언 시간을 측정하고 세세히 관리하기 위해 더러운 마키아벨리주의자처럼 음험한 소프트웨어를 '절대로 사용하지 마라'. 가상의 프레더릭 테일러(시간과 동작 연구를 기초로 노동의 표준량의 정하고 노동생산성을 향상하기 위한 과학적 관리를 제안한 고전 경영 이론 제안자 - 옮긴이)가 되지 마라. 전원이 참여하게 만드는 것은 여러분에게 달렸다.

여기서 황금률은 '항상 긍정적이어야 한다'는 것이다. 부정적일 때가 드물어야 한다. [긍정적 강화(positive reinforcement)는 부정적 강화(negative reinforcement)보다 30배 효과가 있다는 다음 이야기를 참고하라. 일반적으로 30배지만 걱정스러운 현재 환경에서는 거기에 10배를 더해야 한다.]

이 책의 첫 페이지부터 주요 주제였던 EQ를 중시하는 채용, EQ를 중시하는 승진을 강화하라. 재택근무와 줌을 통한 현장 경영 환경에서는 사실상 '강한 스킬'인 '소프트 스킬'이 훨씬 더 중요하다.

코로나19 시대에 상사들은 선하고 배려하는 사람이 되도록 하라. 사정을 봐주라는 말이 아니다. 그것은 방어책이다. 대신 모든 참석자들에게 여러분이 상상을 초월하는 스트레스와 긴장이 있다는 사실을 깨닫도록 하라. 그러므로 '인내'가 아니라 '친절한' 마음으로 행동하라.

모든 사람이 코로나19에 대한 우려에 사로잡혀 있었던 2020년 4월, 캐나다 국립공원관리국의 한 직원이 재택근무 중인 직원 모두에게 메모를 보냈다. 이 메모를 받은 사람 중 한 명이 그 내용을 트위터에 공유했다. 거기에 포함된 '규칙들'은 다음과 같다.

▶▶ 코로나19 상황에서 원격 근무 원칙

- 당신은 '재택근무' 중이 아니라 '위기 상황에서도 일하려고 집에 있는' 것이다.
- 지금은 당신의 신체적·정신적·정서적 건강이 무엇보다 중요하다.
- 장시간 근무로 생산성 저하를 보상하려고 해서는 안 된다.

- 당신은 자신에게 친절할 것이며, 다른 사람들의 대처 방식에 근거해 자신의 대처 방식을 판단하지 않을 것이다.
- 당신은 다른 사람들에게 친절할 것이며, 자신의 대처 방식에 근거해 그들의 대처 방식을 판단하지 않을 것이다.
- 팀의 성공은 정상 상황일 때와 같은 방식으로 측정되지 않을 것이다.

이 메모에 나타난 사려 깊음은 글자 그대로나 비유적으로나 황금의 가치가 있다. 리더들에게 그 황금을 가져가기를 제안한다!

실천 사항 55 최선을 다하라! 실험! 실험! 실험하라! 그리고 캐나다 국립공원관리국 책자의 한 페이지 "친절하세요. 사려 깊음을 보여주세요. 인간답게 처신하세요"를 읽어보라. 그건 하면 좋은 행동이다. 그리고 솔직히 말해서 장기적 생산성에 아주 좋다. 돌봄을 받는 직원은 생산성 높은 직원이 되기 때문이다.

참고로 줌 외에 또 다른 원격 현장경영 장치가 있다. 바로 '전화'다! 전화는 이본느나 톰과 연락하기에 이메일, 문자메시지, 줌보다 훨씬 친밀한 매체일 것이다. 나와 친한 친구 한 명은 전화를 "무단 침범"이라고 말한다. 나는 그 말에 격렬히 반대한다. 통화는 5분에서 15분 또는 20분으로 늘어나기 쉬운데 그동안의 여담은 황금보다 가치가 있다. 계획했던 주제와 이상한 소문, 고객의 실수를 이야기하고 이본느의 아버지가 아프다는 사실 등도 알게 된다. 내 경험상 이런 일이 줌에서 일어날 가능성은 훨씬 낮으며, 문자메시지나 이메일에서도 다뤄지지 않을 게 확실하다.

행운을 빈다!

14.56
탁월한 회의가 아니면 없애라

(대부분의 시간=회의=리더십을 발휘할 가장 좋은 기회=탁월함을 보여줄 가장 좋은 기회. 당연히 그렇다!)

탁월한 회의: 참석자들의 상상력과 호기심을 자극하지도, 유대감과 협력과 참여와 자존감을 높이지도, 신속한 행동의 동기를 부여하지도, 열정을 높이지도 못하는 모든 회의는 영원히 놓쳐버린 기회다.

표현이 극단적이기는 하다. 하지만 회의가 내가 주로 하는 일이라면 위의 정의는 논쟁의 여지가 없다고 믿는다. 탁월한 회의를 꾸준히 달성하기는 어렵다고 해도.

▶▶ 회의의 규칙: 준비, 준비, 또 준비

1. 마치 당신의 직장 생활과 세상에 남길 유산이 거기에 달린 것처럼 각각의 회의, 모든 회의를 준비하라. 사실이 그렇다! 결코 과장이 아니다! (내 경험상 상사들은 한심할 만큼 회의 준비를 잘 하지 않는다.)

2. '1번'을 참조하라.

3. 듣는 시간이 말하는 시간보다 길어야 한다.

4. 어떤 경우에도 상사보다 0.000001초라도 일찍 참석하라. (지각= 무례함)

5. 회의는 '공연'이다. (북과 나팔과는 상관없지만, 리더가 세심하게 설정하고 키워가는 분위기 전부가 그렇다.)

6. '탁월한 회의'는 모순된 말이 아니다. (제기랄!)

참고: 재택근무와 줌 세계는 명백히 일을 방해한다. 당신은 버추얼 회의에서의 탁월함을 위해 학습하고 연습하고, 또 연습할 것이다. 하루아침에 되지는 않을 것이다. 하지만 내가 관찰한 바로는 할 수 있는 일이다!

학습 과정이 평탄하지 않다고 자신을 가혹하게 판단하지 마라. 우리는 완전히 새로운 인간의 상호작용 방식을 개발하고 있다. 이는 엄청난 일이므로 '하루아침에 성공하는' 일은 없을 것이다.

실천 사항 56 "다음 회의 준비는 어느 정도나 했는가?"(만약 '그 빌어먹을 시간이 없다면' 빌어먹을 회의를 취소하라. 제1 규칙은 철저한 준비 없이는 회의도 없다는 것이다.)

14.57

업무의 주도와 처리 규칙 #1

협력자를 양성하는 데
시간의 80퍼센트를 써라
(규칙 #2: 규칙 #1을 참조하라)

▶▶ **협력자의 모집과 개발 철칙**

- 패자는 적에게 집중하고 과도한 시간을 낭비한다.
- 승자는 협력자, 협력자, 협력자에게 집중한다.

- 패자는 '장애물 제거'에 집중한다.
- 승자는 장애물을 피하고 '새로운 방식'을 보여주는 새로운 협력자들과 한쪽에서 '작은 승리'에 집중한다.

- 패자는 적을 만든다.
- 승자는 친구를 만든다.

- 패자는 상사에게 아부한다.

- 승자는 업무가 실제로 수행되는 곳으로 내려가 많은 친구와 동지를 만든다.

- 패자는 부정적인 것에 초점을 맞춘다.
- 승자는 긍정적인 것에 초점을 맞춘다.

- 패자는 눈에 거슬리게 튄다.
- 승자는 협력자들을 통해 일하며(성공했을 때 그들에게 99퍼센트의 공을 돌리며) 대체로 튀지 않는다.

- 패자는 무력을 선호하고 유혈 사태를 즐긴다.
- 승자는 의견이 다른 사람들을 각양각색의 협력자들과 수많은 작은 승리로 조용히 에워싼다.

▶▶ 협력자, 협력자, 더 많은 협력자를 확보하라

개인적인 이야기인데 내가 맥킨지에서 개발했고 《초우량 기업의 조건》의 출판으로 이어졌던 프로그램은 전략을 첫째로 치고 사람과 문화는 중요도가 한참 떨어지는 두 번째 요인으로 치는 맥킨지의 핵심 신념에 정면으로 도전하는 것이었다. 따라서 나의 '적'은 자긍심 넘치는 조직의 '권력자들'이었고 나는 단연코 권력자가 아니었다. (결국) 나의 승리 전략은 가능한 한 상사들의 반대는 잊어버리고 구석구석에서 다양한 협력자들을 모으는 것이었다. 여기서 제안한 방식대로 나는 프로젝트에 관여한 4년 내내 협력자들의 모집과 개발에 가장 많은 시간을 썼다.

**실천 사항
57** 지금 진행 중인 프로젝트와 관련해 지난주에 어떤 지지자들을 새로 모집했는가? (입에 발린 대답은 하지 말기 바란다.) "시간이 없었어요. 프로젝트를 진행 중이어서요." 틀렸다! '프로젝트의 진행'은 새로운 협력자의 모집과 오랜 협력자의 유지를 의미한다. 협력자들은 여러분의 목숨이다.

14.58
업무 처리 파워 툴 #1
성공을 위해서는 아랫사람들을 챙겨라

> 그(주인공)는 기관(CIA)의 하급 요원들과 함께 전설이 됐다.
>
> 조지 크릴, 《찰리 윌슨의 전쟁(Charlie Wilson's War)》

성공과 탁월한 실행의 확률은 조직에서 두세 직급 또는 네 직급 '아래' 사람들과의 네트워크의 폭과 깊이와 정비례한다. '아래 직급'에는 조직의 기본 실무를 처리하면서도 일반적으로 인정을 제대로 받지 못하는 사람들이 있다. 눈에 띄지 않지만 매우 중요한 이들이다. 그리고 여러분이 시간과 주의, 그리고 애정을 많이 쏟을 가치가 있는 이들이다.

　이러한 점은 업무 처리 리더십에 관한 나머지 아이디어들과 구분해 특별히 주목할 만하다.

- '윗사람에게 아부하기'는 관료들이 하는 것이다.

- '아랫사람 챙기기'는 승자와 행동가들이 하는 것이다.

실무를 처리하는 '하위직' 사람들과 어울리는 것은 아침 의식을 치르는 시간보다 훨씬 더 즐겁다!

실천 사항 58 여러분의 (성공과 실패를 좌우할) 프로젝트 실행에는 3~4개 부서의 지원이 필요할 것이다. 각 부서의 '보일러실(boiler room: 조직의 실무가 눈에 띄지 않게 진행되는 사무실이나 부서를 일컫는다 – 옮긴이)' 직원들과의 네트워크는 얼마나 강한가? 어림짐작으로 대답하지 말기 바란다.

14.59
리드할 때는 '정말' 위대한 쇼맨이 돼라

항상 공연 시간이다!

데이비드 댈러샌드로, 《유능함을 자랑하라》

그 방에 있던 사람들이 오랫동안 기억할 만한 장면이었다. 워싱턴은 자신의 배역을 완벽히 연기했다. 리더가 그 배역처럼 보이는 것만으로는 부족했다. 워싱턴의 규칙에 따르면, 침착하고 정확하게 연기하는 법을 알아야 했다. 훗날 존 애덤스는 워싱턴을 '그 시대의 위대한 배우' 중 한 명으로 인정한다고 기술한다.

데이비드 맥컬로프, 《1776》

보스턴 상황이 오합지졸인 미국 군대에 가장 나빴을 때 워싱턴은 사령부는 웅장해 보이고 부대는 원기가 왕성하고 군장도 잘 갖춰진 것처럼 보이도록 세심히 계획한 행동, 신중히 구성한 장면을 통해 미군이 무시할 수 없는 강력한 세력이라는 확신을 영국군에게 심어주었다.

실천 사항
59A '쇼맨십'은 전쟁에서 (워싱턴의) 승리는 고사하고 비즈니스와 그다지 관련이 없어 보일 수 있다. 그러나 관련이 있다. 어쩌면 당신은 '겨우' 한 직급 위 상사일 수도 있다. 그렇더라도 당신 밑에서 일하는 사람들은 그날 당신의 기분 등을 매처럼 지켜보고 있다. 업무 처리를 몰고 가는 것은 이른바 '실질'보다 오늘 당신이 보여주는 태도다. 특히 감정의 발자국(emotional footprint)에 주의하라!

'쇼맨십'은 자신이 '무대'에 있다는 것을 의식하며 이런저런 종류의 인상을 주는 것을 의미한다. 목청을 높이고 팔을 흔들어대는 것이 아니다. '조용한 쇼맨십(quiet showmanship)'은 요란한 쇼맨십보다 더 강력하다. 아래 내용을 참조하라.

▶▶ 리드할 때는 공연 시간으로 생각하라

> 나는 열정을 나눠 주는 사람입니다.
>
> 벤저민 잰더, 오케스트라 지휘자이자 경영 구루

악보는 변화가 없다. 공연의 질은 지휘자가 전달하는 에너지와 열정, 사랑에 따라 주로 결정된다. 모든 조직 환경에서도 마찬가지다. 다시 말하건대 열의는 시끌벅적함과 같지 않다!

- 리더들은 쇼맨이다.
- '모든' 리더는 쇼맨이다.
- 모든 리더는 '항상' 쇼맨이다.
- 그건 '선택 사항이 아니다'.
- 무대를 '절대 벗어나지 마라'.
- '준비하라'.

> 연구 결과에 따르면, 목소리의 고저, 음량, 속도는 실제 사용한 단어보다 사람들이 들었다고 생각하는 내용에 약 5배 더 영향을 끼친다고 한다.
>
> 데버라 그룬펠드 교수, '리더십과 팀워크를 위한 행동 교훈', 〈스탠퍼드비즈니스〉

5배라니!

실천 사항 59B
위의 인용문을 다시 읽어보라. 다섯 번쯤 다시 읽어라. 천천히! 충분히 이해하도록 하라. 보디랭귀지는 내용보다 5배 효과가 있다. 여러분은 리더다. 그러므로 여러분의 보디랭귀지가 어떻게 이해될지 의식해야만 한다. 연극·영화 전공이 아니라면 학교에서 배우지 못했을 것이다. (다시 말하건대 회사에는 연극·영화 전공자가 더 필요하다.) 그러므로 스스로 보디랭귀지를 배워라. 자신의 보디랭귀지를 자각하라. 친한 친구에게 피드백을 요청하라. 5 대 1로 효과가 있음을 기억하라. 이는 대단한 차이다!

실천 사항
59C
"보디랭귀지에 유의하라"는 의견은 재택근무와 줌 세계에서는 무시해도 된다고 생각될 것이다. 그렇지 않다! 다르긴 하지만 똑같이 중요하다. 팔다리는 안 보이더라도 표정은 그 어느 때보다 중요하다. 연습하라!

14.60
리드하기를 좋아하는가?

그는 내가 리더십에 관한 강연에서 빠뜨린 게 있다고 했다. "톰, 강연은 좋았는데 가장 중요한 것을 빼먹었어요. …… 리더들은 리드하기를 즐긴답니다!"

나는 더블린에서 '리더십 50'이라는 제목의 강연을 했다. 내용은 효과적인 리더십의 특성 50가지였다. 강연 후 당연히 기네스 맥주를 들고서 꽤 큰 마케팅 서비스 회사의 사장이 내가 빠뜨린 내용에 대해 위와 같이 말했다.

곰곰이 생각해본 나는 그의 말이 옳다는 데 동의했다. 간단히 말해서 어떤 이들은 사람과 사내 정치의 퍼즐에 열광하고 효과적인 리더십의 핵심인 인간사의 본질적 혼란 위에서 번창한다. 그러나 어떤 이들은 그렇지 않다. 리드하기는 그 나름의 고유 영역이다.

그리고 광범위한 공부와 코칭 후에도 여러분에게 맞을 수도, 맞지 않을 수도 있다. 이 점에 대해 오랫동안 잘 생각해보라. 이것은 중요 업무의 리더든 4주간 4명으로 구성된 프로젝트 팀의 리더든 마찬가지다. 유감스럽게도 "리드하기를 좋아하거나 그만두거나"라는 말은 이를 상당히 정확히 요약해 준다.

실천 사항
60
생각해보라. 리드하기가 진정 무엇을 의미하는지, 리더가 걱정해야만 하는 일들은 무엇인지 생각해보라. 여러분은 사람들과 일하기를 정말 좋아하는가? 인간의 특이성이 흥미로운가? 아니면 자주 그것 때문에 짜증이 나는가? '예, 아니요'로 결정하기를 촉구하는 게 아니다. 내 더블린 친구가 했던 말을 기억하라. 리드하기를 좋아하는 것은 필수다. 사실 그의 평가에 따르면 효과적인 리더십의 첫 번째 필수 조건이다. 일리가 있는 말이다.

14.61
일정의 50퍼센트를 비워라

> 너무 바쁘지 않게 시간을 확보해 정말 중요한 일에 집중하라. 단도직
> 입적으로 말하면 모든 리더는 일상적으로 상당 시간을 비워두어야 한
> 다. 나는 최대 50퍼센트까지 일정을 잡지 말라고 한다. …… 일정을 상
> 당히 '덜어내야' 자신이 하고 있는 일을 성찰하고, 경험에서 배우고, 불
> 가피한 실수를 회복할 여유가 있을 것이다.
>
> 도브 프로먼, 인텔 슈퍼스타, 《어려운 리더십(Leadership the Hard Way)》

내가 보기에 중요한 것은 효과적인 리더십은 사려 깊은 리더
십이라는 사실이다. 빡빡한 일정 속에서 사려 깊음과 일반적
인 사고는 사라진다. 탁월한 리더와 효과적인 문화를 구별해
주는 작은 배려와 관심의 손길도 마찬가지다.

이와 관련해 프랭크 파트노이는 《속도의 배신》에서 이렇게
말한다.

미루기의 역할에 대해 생각하는 것은 인간의 심오하고 근본적인 면이다. …… 우리가 결정을 성찰하기 위해 갖는 시간은 우리의 존재를 규정해줄 것이다.

인생은 시간과의 경주일 수 있지만, 본능에 굴하지 않고 시계를 멈추고 우리가 무엇을, 왜 하고 있는지 이해하고 정리할 때 삶이 풍요로워진다.

전적으로 기다림을 다룬 책이라니. 참신하고 '심오하다'는 단어를 쓸 값어치가 있는 책이다. 프로먼과 파트노이의 이야기에 유의하라.

실천 사항 61

그렇다면 일정의 50퍼센트를 비울 수 있겠는가? 아마 아닐 것이다. 하지만 일정 없는 시간을 10퍼센트 또는 그 이하에서 20퍼센트까지 올리는 데 최선을 다할 수 있을 것이다. 이 책에서 이보다 중요한 실천 사항은 별로 없다.

14.62
늘 책을 가까이하라

(광범위한 주제의) 책을 읽지 않는 현명한 사람들을 내 평생 단 한 명 도 못 봤다. 워런 버핏이 얼마나 책을 많이 읽는지, 그리고 내가 책을 얼마나 많이 읽는지 알면 놀랄 것이다.

찰리 멍거, 버크셔해서웨이 부회장이자 버핏의 오른팔, 《가난한 찰리의 연감(Poor Charlie's Almanack)》

CEO들의 결점 1위를 꼽는다면 그건 책을 충분히 읽지 않는다는 것이다.

세계 최대 투자 회사 중 한 곳의 공동 창업자가 나와 대화하면서 한 말

결점 1위라…… 나를 너무 놀라게 한 지적이었다! 부디 이 말 을 그냥 지나치지 말기 바란다.

　제발 신중히 생각해보라. 한 번 더 말하는데 CEO의 결점 1위다.

책을 읽고 읽고 또 읽어라.

독서의 규칙

폭넓은 독서! 폭넓은 독서! 폭넓은 독서! 요지는 마음을 열게 하고 지식의 범위를 넓히라는 것이다. 창의성은 폭넓은 독서의 부산물이다. 이때 독서의 폭이 깊이보다 10배는 중요하다. 생소한 영역들의 아이디어를 끌어와 관심 영역으로 변환하는 것이 열쇠다. (이것은 기계적인 행위가 아니다. 예를 들면 곤란한 문제를 처리할 때 새로운 연관성이 무의식에서 떠오르는 것을 말한다.)

픽션을 읽어라. 픽션은 사람과 인간관계를 다룬다. 그것들은 자신도 모르는 사이에 마음이 확장되고 생각이 생산적으로 가치 있는 방식으로 흐르게 한다.

독서는 잠재의식에 영향을 준다. 정신을 확장한다. 그리고 책을 읽으면서 검토했던 새로운 것들이 어떻게든 여러분의 존재 방식에 스며들어 실용적이고 장기적인 전략 행동에 영향을 끼친다.

자신의 전문 분야의 책은 남들보다 많이 읽어라. 여러분은 자기 일에 대해 많이 알고 있다고 생각하지만, 결코 생각만큼 알지 못한다. (그래서 나는 무차별적으로 책을 읽어야 한다고 생각한다. 여러분도 나와 같은 부류의 선두를 유지하며 한 번에 한 권씩 읽도록 하라.)

승리 전략은 영원히 열심히 배우는 것이다. 여러분이 상사라면 가끔 마리아나 잭슨에게 "최근에 어떤 책을 흥미롭게 읽었어요? 나도 읽어볼까?"라고 물어보아라.

여러분이 상사라면 독서 클럽을 고려해보라. 될 수 있으면 여러분과 팀원들이 거의 알지 못하는 주제의 책들을 읽어라. 다시 말하지만, 이것은 생각과 지평을 넓히는 문제다.

여러분의 팀이 독서와 공부, 학습에 있어서 '업계 최고'가 되는 것을 목표로 삼아라.

14.63
리더의 핵심 가치 첫 번째는
'적극적으로' 경청하기, '열심히' 경청하기다

나의 리더십 교육은 워싱턴에서 윌리엄 페리 국방부 장관 보좌관으로 일하면서 시작됐다. 그는 국가원수들…… 그리고 연합군에게 널리 사랑과 존경을 받았다. 그의 경청 방식 덕이 컸다. 그는 대화하는 사람에게 오롯이 집중해주었다. 그가 매우 정중했으므로 모두 그의 앞에서 쾌활해졌고, 나는 그와 같이 사람들에게 영향을 끼치고 싶다는 것을 깨달았다.

페리 장군은 나의 롤 모델이 됐지만, 그것으로 충분하지 않았다. 더 중요한 계기가 필요했고 그런 계기가 있었다. 내가 얼마나 자주 사람들의 말을 듣는 척만 했는지 깨닫고는 고통스러웠다. 부하 장병이 사무실로 들어왔을 때 일하다가 고개도 제대로 들지 않았던 경우가 얼마나 많았던가.

나는 벤폴드호(아브라쇼프는 미 해군 전함 벤폴드호의 함장이었다)의 모든 장병과의 모든 만남을 그 순간 가장 중요한 일로 여기겠다고 다짐했다. …… 적극적으로 들어주는 것이 내 일이라고 판단했다.

마이크 아브라쇼프, 《당신이 이 배의 주인이다(It's Your Ship)》

이 글의 키워드는 '적극적으로'다. 들어주기는 수동적인 활동이 아니다!

간단한 대화 중이라도 그저 상대에게 주의를 집중하고, 진심으로 묻고, 진심으로 들어주는, 사소해 보이는 행동이 어떻게 이렇게 진심 어린 반응을 불러일으킬 수 있는지 놀라울 따름이다.

수잔 스코트, 《누드로 대화하기》

이 글의 키워드는 '진심으로'다. 다시 말하는데 경청은 수동적인 활동이 아니다!

글래드스턴(영국의 정치가–옮긴이) 옆에 앉아 있다가 식당을 나왔을 때 그가 영국에서 가장 똑똑한 사람이라는 생각이 들었다. 하지만 디즈레일리(영국의 정치가이자 소설가–옮긴이) 옆에 앉아 있다가 식당을 나왔을 때는 내가 가장 영리한 여자로 느껴졌다!

크리스토퍼 히버트, 윈스턴 처칠의 어머니 제니 제롬의 말, 《디즈레일리》

**실천 사항
63A**

'적극적으로'와 '진심으로'를 '경청'과 늘 동반되는 단어로 생각하라. 상대방의 말을 들을 때 (해이해지지 않고) '고도로 집중하기'가 출발점이다. 그런데 '적극적으로' 경청하기 또는 '진심으로' 경청하기를 어떻게 행동으로 옮겨야 할까? 다음에 누군가와 함께하는 자리에서 그들이 말할 때 '적극적으로', '진심으로'라는 단어가 머리를 스쳐 지나가게 하라.

▶▶ 경청의 힘

> 사람들을 설득할 가장 좋은 방법은 그들의 말에 귀를 기울여주는 것이다.
>
> **딘 러스크, 전 미국 국무장관**

티셔츠와 모든 상사의 책상 뒤편에 걸린 포스터에 이 말을 써야 한다는 게 내 의견이다!

▶▶ 경청의 중요성을 보여주는 독보적 사례

리처드 브랜슨의 책 《버진의 방식(The Virgin Way)》은 책의 3분의 1이나 되는 1부 전체, 100쪽 이상에서 '경청'을 다룬다. 살짝만 살펴보자.

> 이 (8가지) 리더십 특성의 핵심은 리더의 경청 능력의 중요성이었다.

나는 이만큼 경청의 중요성을 강조한 책을 본 적이 없다.

▶▶ 경청의 엑설런스를 찾아볼 수 없는 예

의사이자 하버드대학교 의과대학 교수인 제롬 그루프먼은 《닥터스 씽킹》이라는 책을 썼다. 그는 환자의 건강 문제에서 유용한 정보를 수집하고 효과적인 처치를 하기 위한 열쇠는 환자가 자신의 문제를 횡설수설 설명하게 두는 것이라고 주장한다. 그러나 그루프먼이 인용한 탄탄한 연구 결과는 다소 유감스러운 그림을 보여준다.

평균적으로 의사들은 환자의 이야기를 '18초' 만에 끊는다. 18초!

독자 여러분은 어땠는가?

실천 사항
63B

여러분(상사 또는 리더)은 자기 분야에서 '18초 만에 말을 끊는 사람'인가? (이 문제를 진지하게 생각하고 정기적으로 피드백을 받도록 하라. 여러분의 자기 인식은 매우 부정확할 게 거의 확실하다.)

만약 여러분이 18초 만에 말을 끊는 사람이라면……
노력하라(열심히 노력하라). 피드백은 필수다.
시작은 지금부터!

TOPIC 14
연민과 배려로 리드하라

▶▶ 경청이란

- 궁극적으로 존경의 표시다.
- 관계 맺음과 사려 깊음의 심장과 영혼이다.
- 협업과 파트너십 및 공동체의 기초다.
- 개발할 수 있는 개인의 기술이다(선천적으로 여성이 남성보다 훨씬 뛰어나지만).
- 효과적인 부서 간 커뮤니케이션의 핵심이다(이는 조직 효율성의 첫 번째 특성일 것이다).
- 판매를 성사시키는 비결이다.
- 고객의 비즈니스를 유지하는 열쇠다.
- 기억에 남는 서비스의 핵심이다.
- 다양한 의견 수용의 핵심이다.
- 수익성이 있다(경청의 '투자수익률'은 다른 어떤 단일 활동보다 높을 것이다!).
- 탁월함을 위한 진정한 노력을 뒷받침하는 기반이다.

이 말에는 조금의 과장도 없다.

▶▶ 경청하는 사람의 규칙

남의 말을 잘 들어주는 사람은 전적으로 그 대화를 위해 존재한다. 이 5분, 10분, 30분보다 중요한 것은 없다.

다시 수잔 스코트의 말을 빌리자면 '경청의 성공=열심히 집중하기'다.

경청하는 사람은 말을 끊지 않고…… 상대방이 더듬거려도 명료화할 때까지…… 시간을 준다. (말하기 전에 생각을 정리하느라…… 어색하게 말을 멈추는 10초 또는 20초, 45초의 멈춤은…… 말을 끊어달라고 청하는 것이 아니다.)

- 경청하는 사람은 '결코' 상대가 하던 말을 자신이 끝맺지 않는다.
- 경청하는 사람은 말하는 사람이 중심이 되게 하고 자신은 '보이지 않게' 한다.
- 경청하는 사람은 설사 상사의 전화가 걸려 온다 해도 전화를 받지 않는다.
- 경청하는 사람은 메모를 ('아주 많이') 한다.
- 경청하는 사람은 몇 시간 뒤에 상대에게 시간을 내준 데 대해 감사하는 '전화'를 한다. (전화가 이메일보다 낫다.)
- 경청하는 사람은 다음 날 전화해서 몇 가지 후속 질문을 한다.
- 경청하는 사람은 '거들먹거리지 않는다'!

진지한 대화를 나누고 나서 지치지 않는다면 제대로 경청한 것이 아니다.

실천 사항
63C 여러분의 직장 생활이 여기에 달린 것처럼 이 규칙들을 적용하라. 실제로 그렇다!

톰 피터스가 독자에게: 당신은 무슨 일을 하십니까?

독자: 경청이요.

톰: A+.

▶▶ 탁월한 경청 자세

제1 핵심 가치의 제안: "우리는 효과적인 청자(聽者)다." 우리는 탁월한 경청 자세를 존중과 집중, 공동체, 고객과의 관계, 성장을 위한 노력의 핵심 요소로 간주한다.

실천 사항
63D 경청을 당신의 첫 번째 핵심 가치로 생각하기 바란다.

> 입을 다물 좋은 기회를 절대 놓치지 마라.
>
> **윌 로저스(미국의 정치인, 저널리스트, 영화배우, 프로듀서−옮긴이)**

실천 사항
63E 입을 다물 좋은 기회를 절대 놓치지 마라.

14.64
속도의 함정에 빠지지 말고 속도를 늦춰라

시중에 이런 말이 나돈다.

> 지금은 미친 시대다. / 하루에 한 번은 '차질'이 생긴다.
>
> 헐떡, 헐떡, 헐떡.
>
> 속도는 개인의 성공을 위한 열쇠다.
>
> 속도는 기업의 성공을 위한 열쇠다.
>
> 빨리, 빨리, 더 빨리……

그러니까 속도는 현대의 모든 좋은 일의 열쇠라는 건가? 잠깐……

다음은 순간에(또는 100번의 순간에) 달성할 수 없는 개인과 조직의 성공과 탁월성을 뒷받침하는 전략 행동들의 일부다.

- 관계의 형성 및 유지에는 시간이 (많이, 아주 많이!) 걸린다.

- 협력자의 모집에는 시간이 (많이) 걸린다.

- 고성과 조직 문화(high-performance culture)의 형성과 유지에는 시간이 (아주 많이) 걸린다.

- 독서와 학습에는 시간이 (많이) 걸린다.

- 열심히, 적극적으로 경청하기에는 시간이 (많이) 걸린다.

- 현장경영에는 시간이 (많이) 걸린다.

- 일정을 느슨하게 잡으면 시간이 (많이) 걸린다.

- 채용과 평가, 승진에는 시간이 (많이) 걸린다.

- 사려 깊음과 직감적인 작은 제스처들은(작은 것이 큰 것보다 중요하다) 시간이 (많이) 걸린다.

- 익스트림 휴머니즘과 감성적 디자인에는 시간이 (많이) 걸린다.

- 다음번 탁월한 메일 작성에는 시간이 (많이) 걸린다.

- 어떤 과업 또는 프로젝트의 '마지막 1퍼센트'에는 시간이 (많이) 걸린다.

- 엑설런스에는 시간이 (많이, 아주 많이!) 걸린다.

실천 사항 64 로마는 하루아침에 건설되지 않았으며 기업의 엑설런스도 하루아침에 달성되지 않는다. 속도를 늦춰라.

14.65
빈번하게 무시되는
'조용한 사람들의 능력'

- 조용한 사람들을 채용하라.
- 조용한 사람들을 승진시켜라.
- 시끄러운 사람들이 가장 창의적인 사람은 아니다.
- 시끄러운 사람들이 최고의 판매원은 아니다.
- 시끄러운 사람들이 최고의 리더는 아니다.

다음은 수전 케인의 책《콰이어트》에 나오는 내용이다.

- **(매우) (의문스러운) 문화적 이상, 외향성:** 외향성 이상(ext-rovert ideal)은 많은 연구에서 입증됐다. 예를 들어 말이 많은 사람은 더 똑똑하고, 더 잘생기고, 더 흥미롭고, 친구로서 더 바람직하다고 평가된다. 말의 속도는 말소리의 크기만큼 중요하다. 우리는 말이 빠른 사람을 말이 느린 사람보

다 유능하고 호감 가는 사람으로 평가한다. 하지만 우리는 생각 없이 외향성 이상을 받아들이는 중대한 실수를 저지르고 있다.

- **2인조 대화 실험:** 내향적인 사람들과 외향적인 사람들이 거의 똑같이 대화에 참여해 내향적인 사람들은 말을 적게 한다는 생각이 거짓임을 보여주었다. 하지만 내향적인 2인조는 한두 가지 진지한 대화 주제에 집중하는 경향이 있는 반면에 외향적인 2인조는 가볍고 폭넓은 화제를 꺼냈다.

- **자기주장의 한계:** 새로운 집단 사고의 위험성 또한 기억하라. 만약 창의성을 추구한다면 직원들에게 아이디어를 공유하기 전에 혼자 문제를 해결하라고 요청하라. 단정적 또는 간결한 주장을 좋은 아이디어로 착각하지 마라. 내 바람처럼 능동적인 직원들이 있다면 외향적인 또는 카리스마가 있는 리더보다는 내향적인 리더 밑에서 더 좋은 성과를 낼 수도 있다는 것을 기억하라.

- **조용한 사람들의 능력:** 다음에 차분한 얼굴에 부드러운 목소리를 가진 사람을 보게 되면 그녀가 마음속으로 방정식을 풀고, 소네트를 작곡하고, 모자를 디자인하고 있을지도 모른다는 것을 기억하라. 즉, 그녀는 조용히 능력을 발휘하고 있을지도 모른다.

'우리'(리더들은) 인구의 절반에 가까운 사람들에게 소홀했다.

대체로 그 절반은 시끄러운 동료들보다 사려 깊으며, 연구 결과에 따르면 더 나은 지도자가 된다. '조용한 사람들의 능력'을 발휘하게 해주는 것은 중대한 '전략적' 기회(Grand Strategic Opportunity)다.

시끄러운 사람 또는 조용한 사람과 관련해 나는 '카리스마'에 깊은 회의감을 보였던 피터 드러커가 생각난다. 그는 카리스마가 효과적인 조직 리더십에 기여한다는 생각을 단호히 거부했고, 가장 큰 피해를 초래했던 리더들은 거의 하나같이 '카리스마'가 있었다고 지적했다.

실천 사항 65

1. 《콰이어트》를 천천히 읽으며 숙고하라. 부탁이다.

2. 오늘부터(!) 여러분이 하는 모든 일, 특히 채용 및 승진 결정에 '조용한 사람들 쪽으로 치우치는 편향'을 주입하도록 비상한 노력을 기울여라.

3. 수전 케인의 주장에 따르려 한다면 우리의 기본 본능에 어긋나게 될 것이며, 그것은 결국 여러분이 편견을 극복하기 위해 결사적으로 노력해야 한다는 의미가 된다. 물론 좋은 소식도 있다. 보상이 엄청나다는 것이다. (참고로 나는 《콰이어트》를 금세기 최고의 경영서로 꼽는다. 인구의 거의 절반에 대한 암묵적인 편견을 이야기하고 있으니 말이다. 그런데 주목을 덜 받아온 그 절반은 기회만 주어진다면 시끄러운 동료들을 능가한다!)

14.66
긍정적 관심은 부정적 관심보다
30배 효과가 있다

팀이 높은 성과를 내게 하는 데 있어서 긍정적 관심은 부정적 관심보다 30배의 효과가 있다. 그러므로 간혹 사람들이 일을 더 잘하도록 도와줘야 할 수도 있지만, 팀의 리더인 우리의 기본 설정이 사람들이 못하는 일에 주목하는 것이고 부정적인 피드백을 더 자주, 더 효율적으로 주고받는 데 모든 노력을 집중한다면, 우리는 엄청난 잠재력을 내버려두는 것이다. 사람들에게는 피드백이 필요하지 않다. 그들에게는 관심이 필요하다. 무엇보다 그들이 가장 잘하는 일에 관심이 필요하다. 우리가 관심을 기울여줄 때 그들은 더 일에 몰두하고, 따라서 더 생산적으로 된다.

마커스 버킹엄·애슐리 구달, 《일에 관한 9가지 거짓말》의 5장 '다섯 번째 거짓말: 사람들에게는 피드백이 필요하다'

앞의 글을 다시 읽어보라. 그리고 다시 읽어보라. 30배! 왜 비교적 적은 수의 사람만 긍정적 관심과 피드백의 놀라운 효과를 볼까? 그것이 내게는 영원한 수수께끼다. 상사 10명 중 9.86명이 주는 부정적인 피드백은 서투르고 파괴적이라는 사실도 덧붙이고 싶다. 그리고 저자들은 냉철하고 꼼꼼하며 평생 양적 연구를 해온 연구자로, 근사치가 아닌 정확한 자료를 제시하는 신뢰할 만한 책이라는 점도 지적하고자 한다.

> 인간 본성의 가장 근본적 원리는 인정받고자 하는 갈망이다.
>
> 윌리엄 제임스, 철학자

매우 강한 표현이다! 아주 훌륭한 지적이다!

> 존재하는 가장 강력한 두 가지는 친절한 말과 사려 깊은 제스처다.
>
> 케네스 랑곤, 홈디포 공동 창업자

> 자신의 중요성을 느끼지 못하는 사람은 좀처럼 중요한 공헌을 하지 않는다.
>
> 마크 샌번, 저자이자 영업의 구루

반복적 내용의 인용구들이다. 다 이유가 있다. 바로 좌절감 때문이다. (지극히 쉬운) 이 메시지를 여전히 사람들의 마음에 새기지 못하고 있는 좌절감 때문이다.

**실천 사항
66A**
긍정적 태도.

긍정적 태도.

긍정적 태도.

(지금 당장.)

긍정적 태도.

긍정적 태도.

긍정적 태도.

긍정적 태도.

(제발.)

> 리더십은 사람들이 당신에 대해, 당신과 함께 하는 프로젝트나 일에
>
> 관해, 특히 그들 자신에 대해 어떻게 느끼도록 만드느냐의 문제다.
>
> 벳시 마이어스, 《리드(Take the Lead)》

▶▶ 가장 중요한 두 단어

> 어떻게 생각해요?
>
> 데이비드 휠러, 조직 효율성 전문가, 그는 "어떻게 생각해요?"가 "리더의 어휘 중
> 가장 중요한 두 단어"라고 말한다.

나는 데이비드 휠러의 의견에 전적으로 동의할 뿐만 아니라 하루에 "어떻게 생각해요?"를 몇 번이나 묻는지 진짜로 세어 보기를 여러분에게 제안한다. 그렇게 해보면 최소한 이 말의 중요성을 상기하게 될 것이다.

실천 사항 66B "어떻게 생각해요?"를 하루에 몇 번이나 하는지 세어보라. 오늘 시작하라.

> 나는 (새해 첫 주에) CEO 60명에게 전화해서 새해 축하 인사를 한다.
>
> **헨리 폴슨, 골드먼삭스 전 최고 경영자, 전 미국 재무부 장관**

나도 1973년부터 한 해도 거르지 않고 이와 유사한 인사를 해 왔다. 나는 연말연시면 어김없이 "지난 한 해의 성원에 깊이 감사드립니다"라는 감사 전화를 25~50통 한다. 이에 대한 긍정적인 피드백은 놀라울 정도여서 이러한 인사의 희소성과 효과를 확인시켜준다. (그리고 이것은 연중 하이라이트다. 나는 이 전화를 대단히 즐긴다!)

실천 사항 66C 여러분도 이런 인사를 하라. 효과가 있다! (그리고 양측이 즐거운 일이기도 하다!)

이 모든 것에 대한 내 결론은 다음과 같다. '인정(acknowledge)'은 영어 및 모든 언어에서 가장 강력한 단어일 수 있다.

좌절 경보. 나는 '정말이지' 어찌할 바를 모르겠다. 도대체 왜 '긍정적'이 되라고 설득하기가 이렇게 어려운가? 좋은 말을 하면 '나약한' 것일까? 더 좋은 성과를 내게 하려면 정말로 '직설적인 대화(단호하고 부정적인 피드백)'가 필요할까? 나는 이해가 안 된다!

14.67

감사 인사를 하라: '3만의 법칙'

> 믿거나 말거나 나는 지난 10년 동안 시설 관리 직원에서 고위 임원에
> 이르기까지 직원들에게 손으로 쓴 쪽지를 약 3만 개 보냈다.
>
> **더글러스 코넌트, '긍정적 피드백의 비밀', 〈하버드비즈니스리뷰〉**

매주 11장 정도의 손으로 쓴 감사 편지를 10년 동안 보냈다는
이야기다. 정말 놀라운 일이다!

"감사합니다"의 효과는? 무한하다.

그렇다. 무한하다.

▶▶ **작은 것에 감사하라**

중요한 것은 100만 달러 판매 달성에 대한 감사 인사가 아니
다. 어떻든 일어날 일을 칭찬하라! 켄 블랜차드의 말을 빌리자

면 "(사소한) 옳은 일을 한 사람을 알아봐줘라."

칭찬받는 사람에게는 큰일보다 '사소한 행동'에 대한 자연스러운 칭찬이 더 효과가 있고 오래간다. 리더인 여러분이 아주 사소한 행동을 알아차렸다는 뜻이기 때문이다. 여러분은 칭찬받는 사람이 중요한 사람처럼 느껴지게 했다. (앞서 나왔던 인용문을 기억하라.)

> **중요한 사람 같은 느낌=강력한 동기 요인**

실천 사항 67 지난 네 시간 동안 사소한 일에 감사 인사를 몇 번이나 했는가? (아주 진지한 질문이다.)

14.68
사과의 효과: '3분 통화'의 마법

나는 사과가 인간이 할 수 있는 가장 마법적이고 치유적이며 회복을 부르는 제스처라고 생각한다. 사과는 더 발전하기를 원하는 경영진과 함께하는 내 일의 핵심이다.

마셜 골드스미스, 《일 잘하는 당신이 성공을 못하는 20가지 비밀》

다시 읽어보라. 사과가 '핵심'이라는 말에 초점을 맞추고 숙고해보라. 강력하고 확실한 표현이 아닌가! 사과가 경영진 코칭의 '핵심'이라는 말에 나는 정말 놀랐다. 그 말의 출처가 마셜 골드스미스라니 의심할 여지가 없다.

사과의 철칙: 문제가 발생한 지 몇 분 또는 몇 시간 내로 3분 동안 들르거나 전화로 3분 동안 사과함으로써 처음의 낭패(예를 들어 수십억 달러의 판매 손실)를 막을 수 있었던 그런 때가 있

었다.

지금 그렇게 하라.

지금.

지금 당장.

▶▶ 사과는 수익으로 이어진다
존 카도의 《효과적인 사과(Effective Apology)》

그렇다. 책 한 권 전체가 사과를 다루고 있다! 사과와 같은 결정적인 '소프트' 스킬을 완전히 배울 수 있다는 것이 이 책의 메시지다. 이 책에서 말한 내용을 살펴보자.

- 잔디 깎는 기계와 제설 송풍기 제조업체인 토로의 예를 고려해보자. 토로는 누구의 잘못이든 항상 회사가 사과하는 유화적인 접근 방식으로 전환했다. 이 회사는 1994년 이후 이 책이 쓰인 2009년까지 재판으로 간 적이 없으며 1991년 11만 5,000달러였던 평균 피해 보상 합의금이 2008년 3만 5,000달러로 줄었다.
- 오늘날 점점 더 많은 의사와 병원은 정보공개 및 사과를 통한 조정 프로그램이 의료 과실 소송을 현저히 감소시킨다는 사실을 깨닫고 있다. 2000년 국립보훈병원의 평균 의료

과실 보상액 판결은 41만 3,000달러였다. 정보공개와 사과 방식을 쓰는 렉싱턴 보훈병원의 평균 보상액은 3만 6,000달러였다.

실천 사항 68 존 카도의 훌륭한 책을 읽어라. 사과와 사과의 힘을 정식으로 배워라. 기업 문화의 특성으로서의 사과에 대해 동료들과 이야기해보라. 시기적절한 사과를 조직 특성으로 받아들이도록 하라.

14.69
자기 이해: 리더의 차별화 요소 #1

자기 자신과 자신이 주변 사람에게 끼치는 영향을 인식하는 것이 우수한 리더의 차이점이다.

신디 밀러·에디 시쇼어, '돌파의 순간 포착의 달인들', 〈스트레티자+비즈니스〉

조직 개발 분야에서 에디 시쇼어와 견줄 만한 사람은 별로 없다. 신디 밀러와 시쇼어는 효과적인 리더십의 가장 두드러진 특성은 자기 이해라고 강하게 주장한다. 그들만 이런 믿음을 가지고 있는 건 아니다. 최고의 리더십 전문가 대다수도 그들만큼이나 강하게 자기 이해가 리더의 제1 강점이라고 주장할 것이다. 부디 그들의 주장을 숙고하라.

다른 사람들을 발전시키려면 당신 자신부터 계발하라.

마셜 골드스미스

먼저 나부터 시작하라.

케리 패터슨·조셉 그레니·론 맥밀런·알 스위즐러, 《결정적 순간의 대화》

리더십은 자기 이해. 성공한 리더들은 자기 행동과 그것이 주변 사람들에게 끼치는 영향을 자각하는 사람들이다. 그들은 자신의 어떤 행동이 방해가 될 수 있는지 기꺼이 검토한다. 리드하기 가장 힘든 사람은 자기 자신이다. 자신을 리드하지 못한다면 다른 사람들을 효과적으로 리드할 수 없다.

벳시 마이어스, 《리드》

어떻게 _____ 같은 고위급 리더가 자신을 그렇게 모를 수 있을까? 이는 여러분이 상상하는 이상으로 흔한 일이다. 사실 리더의 직급이 올라갈수록 자기 평가는 정확하지 않을 것이다. 문제는 심각한 피드백 부족에 있다(사람 문제에 관해서는 특히).

대니얼 골먼 외, 《감성의 리더십》

이러한 대니얼 골먼의 지적은 리더의 잘못된 자기 인식에 관한 많은 연구 결과와 일치한다. 한 양적 연구에서는 통상적 회의에서 리더가 다른 직원들의 말을 끊는 횟수와 다른 직원들이 리더의 말을 끊는 횟수를 꼼꼼히 셌다. 그 결과는 상상이 될 것이다. 리더는 거의 말을 중단당하지 않았지만 자주 중단당했다고 느꼈다. 심각한 주제가 아니었다면 웃길 정도로 데이터는 완전히 그 반대였다.

실천 사항 69 여러분의 자기 인식은 틀릴 게 거의 확실하다. (한 친한 친구의 경우 180도 틀렸다. 지적으로나 분석적으로나 대단히 뛰어나지만, 남들이 자신을 어떻게 생각하는지에 있어서는 완전히 지진아였다.) 믿을 만한 동료의 도움을 받거나 여유가 있다면 경영자 코치의 도움을 받도록 하라. 무슨 수단을 동원하든 적절한 이해를 얻도록 하라. 그런 다음 그에 따라 행동하라. 가능하면 코치의 도움을 받도록 하라. 이것은 분명히 오늘부터 어젠다의 맨 위에 올려야 할 일이다.

▶▶ 리더는 자기 관리의 달인이 돼야 한다

> 극도로 어려운 3가지가 있다. 강철, 다이아몬드, 그리고 자신을 아는 것이다.
>
> **벤저민 프랭클린**

> 내가 직면하게 될 가장 큰 문제는 데일 카네기의 관리다.
>
> **데일 카네기**

14.70
리더는 상대에 따라
다른 커뮤니케이션 전략을 써야 한다

> 커뮤니케이션의 가장 큰 적은 그것에 대한 착각이다.
>
> 윌리엄 화이트, '누가 듣고 있나요?', 〈포천〉

팀원이 14명 있다고 하자. 그들과 어떻게 소통하고 있는가?

'그들'은 잊어라. '아스마', '이반', '잭'을 생각하라.

팀원이 14명이라는 것은 14가지 뚜렷하게 다른 커뮤니케이션, 동기, 리더십 전략이 필요하다는 의미다.

어떤 두 사람도 똑같지는 않다. 심지어 얼추 비슷한 두 사람도 없다. 한 사람이라도 월요일과 목요일의 모습이 다르다.

14명.

14가지 전혀 다른 리더십 전략.

이상.

(절대 잊지 마라!)

실천 사항
70 이 주장을 수용하는가? (그러기를 바란다. 이는 정말 중요한 문제
다.) 그렇다면 직속 팀원 각자에게 맞춰 다른 커뮤니케이션 전
략을 쓰는가? (당신이 10주 동안만 존재할 프로젝트 팀의 책임자라고
가정하자. 그렇다면 '개별 맞춤형 커뮤니케이션 전략'이 영구적인 팀일
때보다 10배는 더 중요하다. 10주밖에 안 되는 기간이므로 실수가 허용
되지 않기 때문이다.)

14.71
친절 문화

> 인간의 삶에서 중요한 것이 3가지 있다. 첫째도 친절, 둘째도 친절, 셋째도 친절이다.
>
> 헨리 제임스(미국의 소설가 겸 비평가―옮긴이)

▶▶ 친절을 베푸는 데는 돈이 들지 않는다

지지해주는 상호작용에는 더 많은 직원이나 더 많은 시간이 필요하므로 비용이 더 많이 든다는 오해가 있다. 인건비는 병원 예산의 상당 부분을 차지하지만 보다 개인화된 상호작용 자체에 추가예산이 들어가지는 않는다. 환자의 말을 들어주거나 질문에 대답해주는 것은 돈이 들지 않는다. 부정적인 상호작용, 즉 환자가 소외감을 느끼게 하고, 환자의 요구를 지지해주지 않고, 환자의 통제감을 제한하는 것은 큰 비용을 초래할 수 있다. …… 분노하거나 좌절하거나 겁먹은 환자는 호

전적이고 위축되고 덜 협조적일 수 있어 처음에 긍정적인 방식으로 소통하는 데 걸리는 시간보다 훨씬 더 많은 시간을 필요로 할 수 있다.

조앤 어프·엘리자베스 프렌치·멀리사 길키, 《의료 수준 향상을 위한 환자의 지원(Patient Advocacy for Health Care Quality)》

▶▶ 친절을 베푸는 데는 40초(38초?)면 된다

다음은 스티븐 트셰치아크 박사와 앤서니 마짜렐리 박사의 《연민의 경제학》에서 발췌한 내용이다.

존스홉킨스병원의 암 환자들을 대상으로 한 무작위 대조 연구(randomized controlled trial)에서 연구자들은 환자의 불안과 두려움 감소에 의미 있는 차이를 가져오는 데 필요한 것이라고는 40초의 연민뿐이라는 사실을 발견했다. 나아가 연민 어린 태도로 암이라고 진단해줄 때와 연민을 배제한 태도를 진단해줄 때를 비교 연구한 네덜란드의료서비스연구소(Netherlands Institute for Health Services Research)의 두 연구에서는 연민 어린 태도로 알려주는 데 38초밖에 걸리지 않지만, 이는 환자의 불안 수준과 이 정보를 수용하는 능력은 물론이고 치료 순응도에도 '유의미하고 측정 가능한' 차이를 가져온다는 사실이 밝혀졌다. 의사들은 흔히 연민을 가질 시간이 없다고 말하지만, 이 연구 및 다른 연구들은 일관되게 매우 다른 사실을 시사한다.

여러분은 어떤가? 40초 또는 38초의 여유가 있는가? 친절을 베풀 시간이 있는가? 극한 의료 상황에서의 친절, 보통 직장에서의 친절, 그 결과는 엄청날 수 있다.

▶▶ 친절은 곧바로 비즈니스의 반복과 수익으로 이어진다

이상의 리더십 섹션 내용에는 큰 문제점이 있다. 리더가 공감하고 사려 깊고 신중하지 않다면, 즉 사람을 중시하지 않는다면 사과, 감사, 친절 같은 아이디어는 거의 효과가 없다는 것이다. (부분적으로는 이 책 서두의 EQ를 첫 번째 채용 조건으로 삼으라고 선언한 1.2의 이야기로 되돌아가게 되는 이야기다.) 이 '전술'은 전적으로 리더의 기본 성격에 달려 있다고 말할 수 있다.

'친절'의 'TTD(things to do)'를 어떻게 해야 할지 잘 모르겠다. 단순히 "친절하라"라고 말하는 것은 어리석은 짓이다. 그렇다면 다른 방법을 찾아보도록 하자. 사실 친절은 한 인간으로서 어떤 사람인지, 어떤 조직이나 프로젝트 팀을 만들고 싶은지, 그리고 어떤 유산을 세상에 남기고 싶은지의 문제다. 친절은 비즈니스의 반복과 수익을 가져오지만, 고객과의 소통에서의 친절은 우리가 매시간, 매일매일 서로를 대하는 방식의 직접적 부산물이다. 그래서 내 'TTD'는 부디 여러분이 어떤 사람이고 어떤 발자취를 남기고 싶은지 성찰해보라는 것이다.

▶▶ 예의와 친절에 대해 읽고 공부하라

- 게이 해스킨스·마이크 토머스·랄리트 조리,《리더십과 친절(Kindness in Leadership)》
- 아데코 회장 스티브 해리슨,《관리자의 예의(The Manager's Book of Decencies)》
- 크리스틴 포래스,《무례함의 비용》
- 린다 카플란 탈러·로빈 코발,《유쾌한 나비효과》
- 브라이언 헤어·버네사 우즈,《다정한 것이 살아남는다》

14.72
품위의 힘

나는 60세 생일을 맞이하면서 《60》이라는 제목의 책을 썼다. 내가 정말 관심을 두는 60가지를 쓴 책이었다. 마지막 항목은 아주 중요한 것일 수밖에 없었다. 그것은 단 한 단어, '품위'였다.

내 논의는 유명한 디자이너 셀레스트 쿠퍼의 말로 시작된다.

> 내가 가장 좋아하는 단어는 품위다. '놀라운 품위', '미덕(saving grace)', '포화 속의 품위', '그레이스 켈리' 등. 우리가 사는 방식은 아름다움에 이바지한다. 그것이 다른 사람을 대하는 방식이든 환경을 대하는 방식이든.

《로데일 동의어 사전》이 품위와 비슷한 말로 제시하는 단어들은 '우아함, 매력, 사랑스러움, 친절, 자선, 선행, 연민, 아름다움'이다.

우리는 모든 일을 품위 있게 해야 한다. 그리고 우리가 서두르고, 성급해지고, 둔감해질 가능성이 있을수록 품위가 더 중요해진다.

실천 사항
72

- 우아함
- 매력
- 사랑스러움
- 자비심
- 자선
- 연민
- 아름다움

이 목록을 카드에 적어서 지갑에 넣어 다니면 좋을 것이다. 특히 스트레스에 짓눌릴 것 같을 때 하루에 몇 번씩 카드를 꺼내라. 그것을 읽고 숨을 가다듬도록 하라.

품위는 여러분에게 좋다. 품위는 여러분의 팀원들에게 좋다. '모든 일을 품위 있게 하는 것'은 불확실성과 코로나19의 혼란 앞에서 특히 더 적절하고 강력한 효과가 있다. 품위는 고객과 커뮤니티를 풍요롭게 하고 결국에는 수익에 도움이 된다.

14.73
리더는 '최고 문화 책임자'다

> 만약 IBM의 문화와 정면으로 맞붙지 않을 수 있었다면 나는 그쪽을 선택했을 것이다. …… 나의 편향이 전략, 분석, 측정으로 향하게 했다. …… 그에 비해 수십만 명의 태도와 행동 변화는 달성하기가 매우, 매우 힘들다. …… 하지만 IBM에서 재직하는 동안 문화는 내 일의 일부가 아니라 문화가 곧 내 일임을 알게 됐다.
>
> **루이스 거스너, IBM을 회생시킨 슈퍼스타, 《코끼리를 춤추게 하라》**

루이스 거스너는 내가 맥킨지에서 《초우량 기업의 조건》의 연구를 할 때 나의 강력한 적이었다. 아마 그는 '전략 제일주의'의 최고 대변자였을 것이다. 그러므로 위의 인용문이 《코끼리를 춤추게 하라》에 등장했을 때 내 얼굴에 번진 만족스러운 미소를 상상할 수 있을 것이다.

문화는 전략을 쉽게 무산시킨다.

에드거 샤인(조직 문화의 대가로 인정받는 석학 - 옮긴이)

실천 사항
73A
"문화가 곧 내 일이다." 참고로 문화는 좋은 것이든 나쁜 것이든 그저 그런 것이든 임시 업무 팀에도 적용된다. 무언가를 리드하고 있는가? 문화를 자기 일로 여겨라. 이상.

▶▶ 문화가 조직을 지배한다

- 문화가 첫째다.
- 문화는 바꾸기가 극도로 어렵다.
- 문화의 변화는 회피하거나 피할 수도 없고, 그래서도 안된다.
- 문화의 유지는 문화의 변화만큼 어렵다.
- 문화의 변화와 유지는 의식적이고 영구적으로 개인적 어젠다가 돼야 한다.
- 문화의 변화와 유지는 큰 것보다 '사소한 것'에서 훨씬 뚜렷하게 나타난다.

다시 말한다. 문화의 변화와 유지는 언제까지나 영원히 해야할 일이다.

▶▶ 리더는 문화의 관리자다

미네소타주 로체스터의 메이요클리닉에서 행정 지원 및 자원봉사자 프로그램을 관리하는 메리 앤 모리스는 클리닉에서 근무하던 초반에 있었던 사건을 이야기하기를 좋아한다. 실험실에서 일했던 그녀는 흰색 유니폼과 흰색 신발을 착용해야 했다. 어느 날 아침 정신없이 어린 두 자녀를 학교에 데려다주고 출근했더니 상사가 그녀의 신발을 빤히 쳐다보았다. 상사는 구멍에 꿰어진 신발 끈이 더럽다며 모리스에게 닦으라고 했다. 기분이 상한 모리스는 자신은 환자를 상대하지 않고 실험실에서 일하는데 그게 왜 중요하냐고 물었다. 상사는 그녀가 메이요클리닉 이름표를 달고 거리로 나가거나 복도를 걸어가는 동안 환자와 환자의 가족들을 지나치는 등 그녀가 의식하지 못하는 사이 환자를 접촉하고 있으며 신발 끈이 더러운 상태로 메이요클리닉을 대표할 수는 없다고 말했다. "처음에는 불쾌했지만, 시간이 흐르면서 내가 하는 모든 일이, 신발 끈까지도 환자들과 방문객들에 대한 내 책무에 해당한다는 사실을 깨달았습니다. …… 나는 나와 동료들이 달성하고자 열망하는 서비스 수준의 기준을 정할 때 여전히 더러운 신발 끈 이야기를 예로 사용합니다."

레너드 베리 · 켄트 셀트먼, 《메이요 클리닉 이야기》 7장 '품질의 단서를 조직화하라'

실천 사항 73B '문화광(당신도 그중 한 명이길 희망한다)'은 '작은 일'에 초점을 맞춘다. 여러분의 활동에서 그 점이 어떻게 나타났는가? 오늘

_____은 어땠는가? (구체적으로 말해보라.)

▶▶ 문화와 공동체 의식

기억하라.

> 기업은 인간 복지를 증진하기 위해 존재한다.
>
> **미하이 칙센트미하이, 《몰입의 경영》**

기업은 지역사회 안에 있다. 좋은 이웃이 되는 것은 사업을 운영하는 데 수익성 있는 방법이다. 그리고 옳은 일이다. 직원들과 그들의 가족은 지역사회의 일원이며 지역 주민 모두가 사실상 기업 활동의 일부이므로 직원의 지역사회 참여 극대화와 지역 주민의 지원은 옳은 일이다.

실천 사항 73C 무엇을 하든 공동체 의식을 명시적으로 어젠다에 올려라. 앞에서 기업은 지역사회의 일부가 아니라 지역사회라고 했던 것을 기억하라. (공동체 의식은 항상 전면 중심에 있어야 한다.)

14.74
엑설런스 경영: 21가지 입증된 전술

1. 사람들에게 마음을 써라. 배려는 필수다!

2. 현장경영(날마다!)

3. 줌을 통한 현장경영(날마다!)

4. 회의와 회의 준비에서도 '엑설런스'를 지향하라.

5. '적'은 무시하라. 동지 및 친구의 모집과 개발에 시간의 80 퍼센트를 써라.

6. 성공하려면 '아랫사람'들을 챙겨라. 보일러실의 힘을 이용하라.

7. 항상 공연 시간이다! 열정을 나눠주라!

8. 리드하기를 좋아하는가?

9. 일정 없는 시간을 50퍼센트 두어라.

10. 늘 책을 가까이하라.

11. 적극적으로 진심으로 경청하라. 탁월한 경청 태도는 핵심

가치 #1다.

12. 속도의 함정을 피하고 '속도를 늦춰라'. 관계, 엑설런스 등 모든 중요한 것들에는 (많은) 시간이 걸린다.

13. '조용한 사람들의 능력'을 인식하라. 조용한 사람들을 찾고 승진시켜라. 내향적인 사람=더 우수한 리더.

14. 긍정적인 태도는 부정적 태도의 30배의 효과가 있다.

15. "감사합니다"라고 말하기는 가장 중요한 습관이다. 큰일 보다 작은 일에 감사하는 것이 더 중요하다.

16. 사과는 신속하고 압도적인 효과를 가져온다. 사과는 수익으로 이어진다.

17. 자기 이해=리더의 제1 강점. (참고로 여러분의 자기 인식은 형편없다.)

18. 14명=14가지 (매우 다른) 커뮤니케이션 전략

19. '친절 문화'를 만들어라. 친절은 비즈니스의 반복과 수익을 가져온다. 친절은 위의 전술 대부분의 기반이다.

20. 품위를 유지하라.

21. 리더는 '최고 문화 책임자'다. 문화의 관리=늘 매달려야 하는 일이다.

21가지 입증된 전술을
바로 실행하라

15

탁월한 기업이 되기 위한
43가지 핵심 아이디어들

15.75
43개 도전 과제,
43번의 기회가 될 수 있는 아이디어들

엑설런스를 추구해온 43년, 43가지 핵심 아이디어를 얻었다. 43개 도전 과제, 43번의 기회가 될 수 있는 아이디어들이다. 중요한 순서가 아니다. 각각이 가장 중요한 아이디어들이다.

자본 투자 #1: 훈련! 훈련! 훈련! 그렇다, 훈련 비용은 '업무 경비'가 아닌 자본 투자다. 극단적인 말처럼 들린다면 해군 제독이나 장군, 소방서장, 경찰서장, 미식축구 코치, 양궁 코치, 연극 연출가, 원자력발전소장, 응급실 또는 중환자실 책임자에게(또는 나 같은 대중 강연자에게) 물어보라.

공리 #1: 하드한 요소(계획, 조직도, 수치)는 약하다(추상적이고 조작하기 쉽다). 소프트한 요소(사람, 관계, 문화)는 강하다(기반이 되고 지속적이다). "하드한 요소는 약하고 소프트한 요소는 강하다." 이 여섯 마디에 43년간의 내 존재 이유가 담겨 있다.

계명 #1: 엑설런스는 '포부'가 아니다. '올라가야 할 언덕'이 아니다. 엑설런스는 다음 5분부터다. 다음 이메일, 다음번 대면 또는 버추얼 회의, 다음번 고객과의 짧은 대화에서 엑설런스를 추구해야 한다. 아니면 엑설런스는 아무것도 아니다.

강박관념 #1: "전략은 상품이고 실행은 예술이다." – 피터 드러커. "아마추어는 전략을 이야기하고 전문가는 전술을 이야기한다." – 로버트 배로 장군. "샤워 커튼을 욕조 안으로 넣는 걸 잊지 마세요." – 콘래드 힐튼의 '제1 성공 비결'. 종종 당연시되는 실행은 '마지막 95퍼센트'를 차지한다.

임무 #1: 사람을 가장 먼저 생각하는 문화를 확립하고 유지하라. "비즈니스는 사람들에게 풍요롭고 보람찬 삶을 제공해야 한다. 그렇지 않으면 할 가치가 없다." – 리처드 브랜슨. "고객이 직원보다 행복할 수는 결코 없다." – 고객 서비스의 권위자 존 디줄리어스. 기업을 해부하면 사람(고객과 커뮤니티)을 섬기는 사람(일선 직원)을 섬기는 사람(리더)이 된다. 직원 참여의 극대화를 황금률로 여겨라.

신조 #1: "마음을 써라." 우선 리더가 직원들에게 '마음을 쓰지' 않는다면 '사람이 먼저'인 인간 중심 경영의 말과 제안과 지시는 모두 고약한 농담일 뿐이다. 이어서 지적했듯이 사람에게 깊은 관심을 보이는지가 작은 프로젝트 팀 관리를 포함한 모든 리더십 직급으로의 승진 결정에서 첫째로 고려해야 할 사항이다. 리더 후보가 사람에게 신경을 쓰는 정도에 대한 확실한 증거도 꾸준히 수집돼야 한다.

없애야 할 용어 #1: '인적 자원(human resources)'이라는 단어를 당신의 어휘에서 영원히 제거하라. 근로자들은 로봇이나 인공지능으로 대체돼 폐기장으로 보내질 때까지 최대의 생산성을 뽑아내야 할 이름 없는 '인적 자원'이나 '자산'이 아니라 '말리아'나 '맥스'라는 이름을 가진 헌신적인 성장의 기여자들이다.

소명 #1: 리더가 할 일=인간 잠재력의 최대화. 그보다 상위의 소명은 없다. 조작적 정의로 옮기자면 훌륭한 관리자는 팀원 개개인이 성공하고 성장하고 활약을 펼치게 하기 위해 그야말로 '필사적'이다. "감독의 역할은 배우들이 이전보다 나은 배우, 꿈꿔왔던 이상의 배우로 성장할 수 있는 공간을 만들어주는 것이다." – 오스카상 수상자 로버트 알트먼 감독.

도덕적 의무 #1: 시간제 근로자를 포함한 모든 직원이 미친 세상에 대비할 수 있도록 최대한 노력하라. "기업은 인간의 복지를 증진하기 위해 존재한다." – 미하이 칙센트미하이.

리더십 팀의 필수 사항 #1: "맥킨지사의 연구는 기업이 성공하려면 먼저 여성들부터 승진시키라고 제안한다." – 니컬러스 크리스토프. "여성은 뛰어난 리더십을 구성하는 16개 역량 중 12개에서 더 높은 평가를 받았다." – 〈하버드비즈니스리뷰〉. 문헌들이 보여주는 것은 명확하다. 여성은 더 나은 리더다. 그건 결론이 난 사실이다. 쓸데없이 시간을 흘려보내지 마라. 책임자 자리, 특히 고위 관리직, 임원, 이사 자리에 여성을 더 많이 앉혀라. 지금 당장. 2년 안에 이사의 절반 이상이 여성이 되도록 하는 것을 단기 목표로 삼아라.

기업의 강점 #1: "위대한 군대에서 장군의 임무는 병장들을 지원하는 것이다." – 톰 빌헬름 대령. 생산성, 제품 및 서비스 품질, 인재 유지, 직원의 몰입도, 직원 개발, 혁신 등 모든 핵심 변인을 추진하는 이들은 압도적으로 일선 관리자들이다. 그러므로 그들은 기업의 제1 강점이다. 그에 따라 행동하라.

채용 요건 #1: "우리는 좋은 사람만 채용한다." – 생명공학 기업 CEO 피터 밀러. "우리는 따뜻하고 배려하는 사람, 사실상 이타적인 사람을 찾는다. 재미를 추구하는 태도를 지닌 사람을 찾는다."–사우스웨스트항공 명예 회장 콜린 배럿. 모든 일자리에 EQ, 공감력, '소프트 스킬'을 최우선으로 고려해 채용하라. 직원과 팀의 효율성에 관한 구글의 내부 연구에 따르면 소프트한 스킬은 호텔이나 레스토랑 직원과 마찬가지로 희소한 기술 분야 직원에게도 최우선 고려 사항이다.

승진 요건 #1: 리더, 특히 일선 리더의 선발은 경영진이 내리는 가장 전략적 의사 결정에 속한다. 피터 드러커는 승진이 "회사의 사활이 걸린 결정"이라고 말했다. EQ와 '소프트 스킬'이 10배는 중요하다!

핵심 가치 #1: 탁월한 경청 태도다. 경청=참여. 경청=존중. 경청=학습. 경청=판매의 성사. 마이크 아브라쇼프 해군 대령에 따르면 경청은 수동적으로 듣는 것이 아니라 "적극적으로 들어주는" 것이다. "사람들을 설득할 가장 좋은 방법은 그들의 말에 귀를 기울여주는 것이다."–전 미국 국무장관 딘 러스크. "입을 다물 좋은 기회를 절대 놓치지 마라."–윌리엄 로저스.

마음 자세 #1: 우수한 조직은 무엇보다 활기찬 커뮤니티다. 그리고 지역사회 안에 포함된 커뮤니티다. 지역사회 참여의 극대화는 필수 조치다. '커뮤니티' 아이디어에 대해 깊이 성찰해보라.

인종 평등 의무를 다할 기회 #1: 장담하건대 조직의 벽 안에 생각보다 많이 존재하고 있을 불평등을 인정하고 제거하라. 최대한 빨리 과감한 다음 단계를 계획하라. 모두가 참여해야 한다. 다음 단계 계획 중 하나는 빠른 시일 내에 임원진을 전체 조직원 구성을 반영하도록 구성하는 것이다. "흑인의 목숨도 소중하다는 게시글에 감사한다. 이제 후속으로 고위 경영진과 이사회의 사진을 올리도록 하라." – 다양성 컨설팅 회사 빅앤서스의 CEO 브릭슨 다이아몬드.

부가가치 창출 전략 #1, 차별화 요소 #1, 휴머니즘의 특성 #1, 인공지능의 조련 #1: 디자인 엑설런스는 익스트림 휴머니즘과 같다. 외부는 물론 내부까지 마음과 영혼과 정신을 담은 제품과 서비스는 세상을 좀 더 나은 곳으로 만들고 자부심을 느끼게 한다. "디자인은 인간이 만든 창조물의 본질적 영혼이다." – 스티브 잡스. "어떻게 보면 우리는 (디자인에 대한) 배려로 실은 인류에 봉사하고 있는 것이다. 사람들이 어리석은 생각이라고 여길지 모르지는 만 그게 목표다. 우리는 조금이라도 문화에 공헌할 수 있기를 희망한다." – 전 애플 최고 디자인 책임자 조너선 아이브. 디자인 마인드를 생활 방식이자 모든 결정의 고려 사항으로 만든다면 충분한 조치일 것이다. "가격이 가장 저렴한 회사는 오직 한 곳뿐이다. 나머지 회사들은 디자인을 활용해야 한다." – 영국 디자인 회사 CEO 로드니 피치.

부가가치를 창출하는 사소한 일들 #1: 사소한 것들이 큰 것보다 중요하다. TGR(제품과 서비스의 매력도)에 주목하라. 마음에 남고 간직되는 것은 '소소한 마무리'다. "소소하고 사소한 서비스가 가슴 깊이 감사함을 불러일으킨다." – 헨리 클레이. "우리는 그날을 기억하는 것이 아니라 그 순간을 기억한다." – 체사레 파베세. 모두 열정적으로 TGR 높이기에 나서게 하라.

부가가치 창출을 통한 성공 신조 #1: 3가지 원칙은 다음과 같다. ① 가격보다 품질을 중시하라. ② 원가보다 매출에 집중하라. ③ 다른 원칙은 없다. 이 원칙들은 표본인 2만 5,000개 기업 가운데 최고의 성과를 낸 27개 기업을 대상으로 한 딜로이트 연구에서 도출된 결론이다.

전 세계인의 의무 #1: 지속 가능성의 극대화를 위해 노력하라. 평계를 대지 마라. 1분도 지체할 수 없다. 지속 가능성은 사실상 모든 결정, 특히 디자인의 결정에 포함돼야 한다. "지속 가능성, 그것은 옳은 일이고, 현명한 일이며, 수익성이 있는 일이다." – 헌터 로빈스. "적게 사고, 잘 고르고, 오래 사용하라. 양보다 질. 그것이 진정한 지속 가능성이다." – 비비언 웨스트우드.

필수가 된 소셜 미디어 참여 #1: "나는 우리 회사가 경쟁이 치열한 슈퍼볼 광고로 수백만 명의 관심을 끌려고 하는 것을 보느니 한 명의 고객과 트위터로 대화하고 싶다."– 선구적인 캐나다 금융 서비스 회사 탠저린의 CEO. "명성을 쌓는 데는 20년이 걸리지만, 명성이 무너지는 건 5분이면 된다."– 워런 버핏. 대체로 당신의 소셜 미디어 전략이 곧 당신이다. 대담하라, 신속하라. 소셜 미디어 특성에 맞춰 행동하라.

극단주의의 필요성 #1: 나의 열정과 독점 도메인명

- ExtremeHumanism.com.
- ExtremeSustainability.com.
- ExtremeCommunityEngagement.com.
- ExtremeEmployeeEngagement.com.
- ExtremeDesignMindfulness.com.
- RadicalPersonalDevelopment.com.
- HumanismOffensive.com.
- FierceListening.com.
- AggressiveListening.com.

비즈니스 개발 기회 #1: "중국, 인도, 그리고 인터넷은 잊어라. 경제성장의 동력은 여성이다."– 〈이코노미스트〉. "여성 시장이 주 시장이다."– 파라 워너. 여성이 모든 것을 구매한다. 현실에 눈을 떠라. 이 사실을 믿을 수도 있겠지만 거기에 맞게 행동하고

있는가? 전략적 재정비가 필요하다!

놓치고 있는 시장 기회 #1: "오늘 50세가 된 사람들은 성인기 절반이 더 남았다." – 미국은퇴자협회 빌 노벨리. 노인들은 돈도 많고 그것을 쓸 시간도 많다. 현실에 눈을 떠라. 그에 따라 행동하라. 막대한 기회가 존재하는 노인 시장에 대한 현재의 대응 상태는 젊은 마케팅 담당자와 제품 개발자들은 무지하여 이런 현실을 무시하고 있다. 이는 직무 유기이며 어리석은 짓이다. 전략적 재정비가 필요하다!

경제의 초석 #1: 중소기업은 우리 거의 모두를 고용하고 있고, 거의 모든 새로운 일자리를 창출하며, 거의 모든 혁신의 원천이자 엑설런스의 주요 본거지다. 중소기업을 찬양하라. 중소기업을 키워라. 중소기업에서 배워라.

혁신의 자석 #1: 가장 많은 것을 시도한 기업이 이긴다. 확장 버전: 가장 많은 것을 시도하고 가장 빨리 실패한 기업이 이긴다. 전제돼야 할 문화: "빨리 실패하라. 그러면 성공도 빠르다." – 데이비드 켈리. "실패, 전진, 신속." – 하이테크 기업 CEO. "다시 시도하라. 또 실패하라. 더 나은 실패를 하라." – 사무엘 베케트. 전제 조건: 혁신의 구루인 MIT의 마이클 슈레이즈가 주장한 포괄적인 '시리어스 플레이'. 100퍼센트가 참여하고 100퍼센트가 혁신가가 돼야 한다!

혁신을 위한 요건 #1: 회사 구석구석에 괴짜들이 많이 있는 곳이 혁신의 위대한 게임에서 승리한다. '유사한 집단'은 혁신에는 사망 선고와도 같다. 혁신에 대해 면밀히 조사한 스콧 페이지의 연구에 따르면 "다양성이 능력을 능가한다." 이사회에 괴짜들을 두는 것부터 시작하라. 지금 당장.

혁신 리더십 마인드셋 #1: "우리는 미쳐야 한다. 우리는 다른 사람들이 '미쳤다'라고 이야기하는 일만 해야 한다. 다른 사람들이 '괜찮다'라고 이야기한다면 그것은 다른 누군가가 이미 그 일을 하고 있다는 뜻이다." – 캐논 CEO. "나는 불편하지 않으면 마음이 편치 않다." – 광고계의 전설 제이 샤이엇. "조심하지 않는 법을 배워야 한다." – 사진작가 다이안 아버스. "상황이 통제되고 있는 듯하면 충분히 빨리 가고 있는 게 아니다." – 카레이서 마리오 안드레티.

AI는 적이 아니라 친구라는 마인드셋 #1: 사람에 대한 강조가 우리를 집어삼키고 있는 기술 쓰나미를 부정하는 것이라는 생각은 잠시라도 하지 마라. AI를 바라보는 시각에는 자율(인공)지능(AI) 대 증강 지능(IA) 두 가지가 있다. 원격 근무 및 비즈니스 생산성 소프트웨어 회사인 오러포털(AuraPortal)은 이를 줄다리기에 비유한다. "인공지능은 인간처럼 일하고 반응하도록 만든 기계지만, 증강 지능은 인간 노동자의 작업 향상을 위해 같은 기계를 다른 접근 방식으로 사용하는 것이다." 도망가지 말고 동행하라. AI-IA의 선택지와 구성, 전체적 영향을 대단히 주의 깊게 고려하라.

일일 전략 활동 #1: 현장경영을 하라. 현장경영은 진정한 인간 중심 경영 문화의 핵심이며 《초우량 기업의 조건》의 핵심이다. 현장경영은 수고가 아니라 기쁨이어야 한다. 현장경영을 좋아하지 않는다면 다른 직업을 찾아라. 2021년에 추가된 줌을 통한 현장경영은 결단과 연습을 통해 최상의 대면 현장경영과 똑같은 참여와 자발성, 친밀감을 줌 세계에 가져올 수 있다!

시간 관리의 필수 사항 #1: 우리는 '혼란의 시대'에 살고 있다. 헥헥. 속도를 줄여라. 관계, 엑설런스, 세상을 바꿀 디자인, 품질 등 모든 훌륭한 것들은 시간을 요한다. 많은 시간을. 인텔의 슈퍼스타 도브 프로먼에 따르면 리더는 일정이 없는 시간을 50퍼센트(!)는 반드시 두어야 한다.

시간 투자 #1: 폭넓고 깊이 있는 최고의 관계가 모든 성공을 이끈다. "개인적 관계는 모든 발전, 모든 성공, 그리고 실생활의 모든 업적이 자라나는 기름진 토양이다."— 슈퍼스타 투자자 벤 스타인. 탁월한 관계 형성에는 시간이 아주 많이 걸린다. 일의 성사를 보증해주는 것은 실제로 일이 이루어지는 곳과의 관계 다. 성공을 위해서는 윗사람들이 아닌 아랫사람들을 챙겨라.

급진적 변화의 열쇠 #1: 친구를 만들어라. 적을 무시하라. 급진 적인 변화를 원하는가? 그렇다면 반대자들을 피하라. 협력자 를 모집하고, 개발하고, 육성하는 데 시간의 80퍼센트를 써라. 싸움은 시간 및 정신 에너지를 낭비하게 하며, 십중팔구는 역 효과를 낸다. 헌신적이고 씩씩하고 지칠 줄 모르고 행동할 생 각만 하는 형제자매들을 발굴하고, 반대자들을 포위하라!

성과의 준거 #1: 단기적 성과보다 장기적 성과를 보라. 축적된 세계적 수준의 연구 결과에 따르면 장기적 관점에서 경영하는 기업들의 실적이 다음 분기의 수익 수치에 초점을 맞춘 기업 들보다 '크게' 앞서는 것으로 확인됐다. 50년간 지속돼온 '향 후 90일만 중시하는' 주주 가치 극대화 종교는 비즈니스 및 사 회 전체에 가장 파괴적이고 부정적인 세력이었다. "우리가 공 동의 번영을 증가시켜줄 생산능력에 투자해주리라고 믿는 바 로 그 사람들은 그 대신에 회사 수익의 대부분을 자신들의 번 영을 증대시키는 용도로 사용하고 있다."— 경제학자 윌리엄 라조닉.

특징 #1: 문화가 모든 것을 지배한다. "문화는 전략을 쉽게 무산시킨다." – MIT 에드거 샤인 교수. "문화는 내 일의 일부가 아니라 문화가 곧 내 일이다." – IBM 루이스 거스너 회장. 문화의 발전과 유지가 우선이다. 매 순간 문화의 관리에 매달려야 한다. 영원히. 언제까지나.

강력한 단어 #1: 인정은 가장 강력한 단어이며 리더가 가진 가장 강력한 도구다. "존재하는 가장 강력한 두 가지는 친절한 말과 사려 깊은 제스처다." – 홈디포 공동 창업자 케네스 랑곤. 또 다른 강력한 단어는 "감사합니다"다. 지속적인 작은 감사 인사가 큰 감사 인사보다 효과가 크다. 감사 인사를 잘하는 사람은 태산도 움직인다!

'황금 비율' 30 대 1: "팀이 높은 성과를 내게 하는 데 있어서 긍정적 관심은 부정적 관심보다 30배의 효과가 있다." – 마커스 버킹엄과 애슐리 구달. 긍정(감사, 도움, 지지)과 부정(비판)의 효과는 30 대 1로 차이가 있다. 직원들의 강점을 기반으로 하라. 또한 부정적 피드백을 주는 '기술'은 1에서 10까지 점수를 매길 때 (과장이 아니라) 0이 되게 하라. 부정적인 피드백은 큰 역효과를 낳기도 한다. 이것은 연구를 통해 입증된 의욕을 꺾는 요인 1위다. (정기적으로 긍정적인 피드백을 주기가 어려운 사람이 왜 그렇게 많은지 수수께끼다.)

3분의 기적 #1: "나는 사과가 인간이 할 수 있는 가장 마법적이고 치유적이며 회복을 부르는 제스처라고 생각한다. 사과는 더 발전하기를 원하는 경영진과 함께하는 내 일의 핵심이다."
– 최고의 경영자 코치 마셜 골드스미스. 즉각적이고 진심 어린 "미안합니다"라는 한마디는 사실상 모든 죄를 지워준다. 적절한 시점에 핑계 대지 않고 진심 어린 사과를 전하는 3분간의 전화 한 통이면 10억 달러의 매출을 건질 수 있다.

표준화의 과오 #1: 사람들은 '표준화'된 존재가 아니다. 그러므로 평가도 절대 표준화돼서는 안 된다. 누구에게나 두루 쓸 수 있는 방식은 없다. 리더가 지켜야 할 철칙은 각 개인에게는 저마다 다른 커뮤니케이션 전략이 필요하다는 것이다.

개인 습관 #1: 읽고 또 읽어라. 그런 다음 읽고, 읽고, 또 읽어라. 어떤 직업이든 끈질기고 강박적으로 학습하는 사람이 정상에 오른다. 6세든 66세든 공부하라. 명예의 전당에 오른 월스트리트 투자자는 불충분한 독서가 "최고 경영자들의 단점 1위"라고 했다!

가장 어려운 과제 #1: 수많은 리더십 구루는 효과적인 자기 관리가 리더의 첫째가는 성공 특성이라고 주장한다. 그리고 여러분의 자기 인식이 형편없다는 것은 반박할 수 없는 사실이다. 자기 관리의 성공은 매시간, 영원히 뼛속까지 정직하게 노력해야 가능하다. 이에 대한 많은 피드백 또한 계속 필요하다.

성찰 #1: "나는 '이력서 덕목'과 '추도사 덕목' 간의 차이에 대해 생각해왔다. 이력서 덕목은 이력서에 열거할 것들, 고용 시장에 내놓을 기술들, 외적 성공에 기여할 기술들이다. 추도사 덕목은 더 심층적인 것들이다. 장례식에서 이야기될 덕목들, 즉 친절하고, 정직하고, 충직한 사람이었는지, 인간관계는 어땠는지 등 존재의 핵심이 되는 덕목들이다." – 데이비드 브룩스. 여러분과 다른 사람들을 위한 나의 조언은 당장 오늘부터 추도사 덕목에 집중하라는 것이다!

포스트 코로나 시대의 평생 리더십 표준 #1: 친절하라. 배려하라. 인내하라. 관대하라. 현재에 집중하라. 긍정적으로 행동하라. 상대방의 입장이 돼보라. 결론은 이것이다. 지금 리더로서 하고 있는 일이 평생 경력의 특성이 될 것이다.

수많은 회고록 요청에 대한 나의 답변

많은 사람이 나에게 회고록을 쓰라고 권했다. 마침내 나는 항복했다. 이 책은 사실상 나의 회고록이다. 이 책은 오로지 내가 깊은 관심을 둔 문제만 다루고 있다. 그건 공대를 갓 졸업하고 전투 공병 대대 지휘관으로 베트남에 파병 갔던 1966년부터 나를 사로잡았던 문제들이었다. 어쩌면 1977년 뉴욕 맥킨지의 상무이사 로널드 대니얼이 내 인생 진로를 결정지은 마법의 질문을 던졌을 때부터였다. 그는 맥킨지의 뛰어난 전략들이 계속 실행의 테스트를 통과하지 못하는 게 진절머리 난다고 고백했다. 대체 놓친 것이 무엇이었을까? 당시에는 몰랐지만 그렇게 《초우량 기업의 조건》의 구상이 이루어졌다.

그 첫 번째 책을 위해 조사하면서 최고로 꼽힐 일부 리더들은 (생산직 또는 사무직) '작업 현장'으로 가서 조직의 실제 일을 하는 사람들을 알아가고 감사를 표하는 데 상상 이상의 시간을 쓴다는 사실을 휴렛팩커드의 존 영 사장을 통해 처음으로 알게 됐다. 그 리더들은 회사의 사활을 좌우하는 고객들에게 자사 제품이나 서비스가 끼치는 실질적·정서적 영향을 판단하기 위해 그들과 직접 만나는 데도 '상상 이상의 시간'을 할애했다. 스티브 잡스가 일하는 모습을 관찰하면서 고집스러운 디자인에 대한 집착이 진정 어떤 것인지, 그리고 그러한 집착이 어떤 결과를 낳는지도 알게 됐다. (《초우량 기업의 조건》원고는 애플 II 컴퓨터로 작성됐다.) 어니타 로딕이 더바디샵의 공급업체로 지역사회를 변화시켜나갈 동업자 겸 생산자가 돼줄 회사를 찾아 세계를 누비는 모습도 가까이에서 지켜보았다. 가장 훌륭하고 고무적인 기업의 도덕적 모습이었다. 사우스웨스트 항공의 창립자이자 최고 경영자인 허브 켈러허는 "내가 가장 좋아하는 일 중 하나는 우리 직원에게 욕설을 퍼부은 고객에게 더 이상 우리 비행기를 이용할 수 없다고 통보하는 편지를 쓰는 것"이라고 말한 적이 있다. 그런 행동이 바로 직원의 복지를 지원하는 것이다!

내가 이 책과 이전의 18권의 책에서 누누이 말했듯이 복잡한 아이디어들은 없다. 미적분이나 화학이나 물리학에 통달할 필요가 없다. 그러나 난국에서 이 아이디어들의 실행이 인정받고는 한다.

존 영의 '현장경영', 진상 고객에게 보내는 허브 켈러허의 편지, 스티브 잡스의 디자인에 대한 집착, 어니타 로딕의 지역사회 중시 같은 아이디어들을 수집하고 공유하는 것이 내 평생의 일이었고 내 인생 자체였다. 이는 비행 마일리지가 수백

만에 이를 정도로 잦은 비행의 피로와 수많은 꼬여버린 연결 항공편의 어려움을 뚫고 얻어낸 것들이었다. 하지만 63개국 2,500회 이상의 강연에서 청중과 깊은 유대를 형성하지 못했던 적은 없었다. 그리고 내가 받은 쪽지들을 보면 그들도 내가 그들과 유대감을 형성했고 그들이 인간 중심 경영과 엑설런스를 향한 여정의 첫걸음을 내딛으려 할 때 동행자이자 잔소리꾼이 돼주리라는 걸 알고 있었다. 대부분은 아니라도 다수가 그 뒤로 그들에 대한 나의 높은 열망에는 다소 못 미쳤지만, 수백 통의 편지가 가리키듯이 상당수가 켈러허나 로딕의 닮은 꼴로 변신했으며, 직원이 6명이든 600명이든 열성적이고 성장하며 끊임없이 혁신하는 커뮤니티의 형성이 지니는 정서적이고 사업적인 가치를 알게 됐다.

나는 CEO가 아니라 고등학교 교장, 소방서장, 축구 코치, NFL 코치, 가끔은 목사나 신부가 보내온 편지를 특히 소중히 여기는데, 그들은 생산적이고 즐거운 길로 인도해준 것에 감사를 표한다. YPO(젊은경영인협회) 세미나에 온 한 참석자는 8시간을 함께 고생한 청중 앞에서 "선생님에게 하루를 투자했는데 새로 배운 것은 없네요"라고 말했다. 나는 눈에 띄게 창백해졌을 얼굴로 그의 이야기에 계속 귀를 기울였다. "하지만 제가 보낸 날 중 최고의 하루였습니다. 당연한 사실들이 돌연 명백해졌어요. 사람을 소중히 여기고, 고객의 말에 정말로 귀 기울이고, 아주 사소한 행동에서도 엑설런스를 목표로 하라고 하셨죠." 결국 나는 플로리다 남부의 대형 체인 식당의 소유주인 참가자 매니 가르시아가 시사한 "섬광처럼 다가온 명백한 사실(blinding flash of the obvious)"의 제공자다.

그러한 논평들이 나의 유산이다. 그리고 19번째 책인 이 책에서 나는 기쁨과 희망의 마음으로 나의 존재 이유인 이 섬광처럼 다가온 명백한 사실들을 공유한다. 그렇다. 이것이 나의 유일한 회고록이다.

이 여정을 함께해준 여러분에게 감사드린다. 그리고 행운과 축복을 빈다!

낸시 그린, 스튜어트 로페즈, 줄리 애닉스터, 셸리 돌리, 멀리사 윌슨.

위에 언급한 다섯 명이 요약판인 이 책을 만들었다.

특히 낸시와 스튜어트는 뛰어난 디자인 작업의 범위를 훨씬 뛰어넘는 독창적인 제안을 계속해주었다. (낸시는 종종 '제안'이 아니라 명령을 내렸다. 예를 들어 이 책의 제목은 그녀가 정했다!)

줄리 애닉스터는 포스가 있다. 그것은 내가 동료에게 보내는 최고의 찬사다. 그녀는 우리 모두를 앞지르는 멋진 버릇이 있다. 그녀는 열정이 넘쳐서 '대단한 기세'로 전염된다.

셸리 돌리와 나는 20년 이상 파트너로 일해왔다. 그녀 스스로 '지나치게' 꼼꼼하다는 것을 인정한다. 그녀가 죽을 만큼 걱정하지 않는 사소한 사항이란 없는데 그 혜택은 고스란히 내 몫이다. 게다가 일류 대학에서 취득한 그녀의 인문학 학위는 공학 및 경영학 학위 소지자인 나로서는 상상할 수 없는 운치를 책에 더해준다. (어떤가. 셸리의 인문학 교육의 영향력이 빚어낸 문장들이. 미안해요, 셸리.)

멀리사 윌슨은 대신할 수 없는 온갖 일을 해냈는데 이는 결단력 있는 출판인만이 해낼 수 있는 것이다. 만세!

그리고 '코로나19에 직면한 리더십'에 대해 이야기해달라고 요청했던 30명 이상의 팟캐스터도 있다. 그들은 내가 이 내용을 얼마나 중시하는지 한 번 더 알 수 있게 해주었다. 코로나19 시대의 사려 깊고 배려하는 리더십은 어떤 시절이든 실천될 수 있고, 또 실천돼야만 한다. 영원히. 언제까지나. 그것이 표준이 되기를 바라자.

지난 수십 년 동안 내가 이 일을 해올 수 있게 해준 책《초우량 기업의 조건》의 공동 저자인 로버트 워터먼. 그는 여러 면에서 프로다. 그와 그의 특별한 아내 주디는 1977년부터 나의 정서적 닻이 돼주었다.

고인이 된 미 해군의 리처드 앤더슨 장군에게 진심 어린 묵례를 보낸다. 그는 내가 24세의 나이에 베트남에서 미 해군 공병대의 하급 장교로 일하기 시작했을 때 처음 만난 상사였다 (내가 얼마나 풋내기였었는지 생각만 해도 진땀이 난다). 간단히 말해 앤더슨 장군은 성인이 돼 만난 첫 번째 멘토였다. 이 이상 결정적인 이야기가 뭐가 있겠는가!

그리고 마지막으로 수전!! (만약 이 책이 컬러판이었다면 모든 느낌표가 선홍색이었을 것이다.)

세계적 경영 구루가 전하는 사람 중심 경영

톰 피터스
탁월한 기업의 조건

제1판 1쇄 발행 | 2022년 8월 10일
제1판 6쇄 발행 | 2024년 8월 28일

지은이 | 톰 피터스
옮긴이 | 김미정
펴낸이 | 김수언
펴낸곳 | 한국경제신문 한경BP
책임편집 | 노민정
교정교열 | 한지연
저작권 | 박정현
홍보 | 서은실 · 이여진
마케팅 | 김규형 · 박도현
디자인 | 권석중
본문디자인 | 디자인 현

주소 | 서울특별시 중구 청파로 463
기획출판팀 | 02-3604-590, 584
영업마케팅팀 | 02-3604-595, 562   FAX | 02-3604-599
H | http://bp.hankyung.com   E | bp@hankyung.com
F | www.facebook.com/hankyungbp
등록 | 제 2-315(1967. 5. 15)

ISBN 978-89-475-4838-0   03320